A relação entre
ciência e religião

O selo DIALÓGICA da Editora InterSaberes faz referência às publicações que privilegiam uma linguagem na qual o autor dialoga com o leitor por meio de recursos textuais e visuais, o que torna o conteúdo muito mais dinâmico. São livros que criam um ambiente de interação com o leitor – seu universo cultural, social e de elaboração de conhecimentos –, possibilitando um real processo de interlocução para que a comunicação se efetive.

Jaziel Martins

A relação entre ciência e religião

Rua Clara Vendramin, 58 . Mossunguê
CEP 81200-170 . Curitiba . PR . Brasil
Fone: (41) 2106-4170
www.intersaberes.com
editora@editoraintersaberes.com.br

Conselho editorial
Dr. Ivo José Both (presidente)
Dr.ª Elena Godoy
Dr. Nelson Luís Dias
Dr. Neri dos Santos
Dr. Ulf Gregor Baranow

Editora-chefe
Lindsay Azambuja

Supervisora editorial
Ariadne Nunes Wenger

Analista editorial
Ariel Martins

Preparação de originais
Gilberto Girardello Filho

Capa
Charles L. da Silva (*design*)
Fotolia (imagem de fundo)

Projeto gráfico
Charles L. da Silva

Diagramação
Maiane Gabriele de Araujo

Dados Internacionais de Catalogação na Publicação (CIP)
(Câmara Brasileira do Livro, SP, Brasil)

Martins, Jaziel
    A relação entre ciência e religião/Jaziel Martins. Curitiba: InterSaberes, 2017. (Série Conhecimentos em Teologia)

    Bibliografia.
    ISBN 978-85-5972-168-3

    1. Ciência e religião 2. Religião e ciência I. Título. II. Série.

16-05779   CDD-215

Índices para catálogo sistemático:
1. Ciência e religião   215
2. Religião e ciência   215

1ª edição, 2017.
Foi feito o depósito legal.

Informamos que é de inteira responsabilidade do autor a emissão de conceitos.
Nenhuma parte desta publicação poderá ser reproduzida por qualquer meio ou forma sem a prévia autorização da Editora InterSaberes.
A violação dos direitos autorais é crime estabelecido na Lei n. 9.610/1998 e punido pelo art. 184 do Código Penal.

sumário

7 *apresentação*
11 *introdução*

capítulo um
19 A teologia como ciência na visão dos escolásticos
23 1.1 Anselmo de Aosta
25 1.2 Pedro Abelardo
26 1.3 Tomás de Aquino

capítulo dois
31 As origens da ciência moderna
33 2.1 A Revolução Científica
34 2.2 Antecedentes da Revolução Científica
35 2.3 Nicolau Copérnico
40 2.4 Andreas Vesalius
41 2.5 Galileu Galilei
51 2.6 Johannes Kepler
58 2.7 Isaac Newton

capítulo três
- 69 **Filosofias e ideias que influenciaram a ciência moderna**
- 70 3.1 O Renascimento
- 80 3.2 O humanismo
- 82 3.3 O racionalismo e o método cartesiano
- 91 3.4 O empirismo

capítulo quatro
- 95 **Embates entre ciência e religião**
- 97 4.1 Formas de relação entre ciência e religião
- 101 4.2 A concepção de ciência positivista e religiosa de Comte
- 103 4.3 Os limites da ciência e da religião
- 107 4.4 O debate entre o criacionismo e o evolucionismo

capítulo cinco
- 113 **Teologia e ciência: diálogos e perspectivas**

- 125 *considerações finais*
- 127 *referências*
- 131 *sobre o autor*

apresentação

Entre as diversas questões que habitam a área do conhecimento na atualidade, interessa-nos tratar da questão do relacionamento entre a ciência e a religião e refletir sobre o tipo de relação que deve se estabelecer entre ambas. Além disso, é mister que se analise qual é a especificidade de cada área e como se deu essa convivência ao longo da história. Há realmente a possibilidade de diálogo entre a ciência e a religião? É possível e viável tentar uma aproximação entre as duas instâncias?

Ao pensar sobre essa problemática, é fundamental considerar o contexto histórico, que foi desenvolvido de forma complexa e até antagônica. A religião, especialmente a cristã, tem por base a teologia, a qual é uma ciência específica de fé, que procura dar sentido à espiritualidade e à religião ao tratar de um objeto que é o sentido de sua existência: Deus. Se, por um lado, a ciência sempre procurou avançar no conhecimento sobre aquilo que nos cerca e nos descobrimentos que poderiam trazer avanços significativos à humanidade, de outro, a religião sempre procurou manter suas crenças e dogmas, mesmo que fosse em meio ao obscurantismo.

Em geral, os autores religiosos não se especializaram durante os séculos e permaneceram involucrados em uma espécie de metafísica universalista, sobre a qual impera a seguinte premissa: "a religião e a igreja movem o mundo". Sem a consciência da diversidade, a religião perde o sentido e a certeza da unidade. Concomitantemente, a ciência traz algumas vezes em seu bojo um conceito complexo pelo fato de comumente ser confundida com o "cientificismo" ou com os padrões antigos nos quais encaixavam o termo. Nessa elucubração, alguns cientistas acabaram reduzindo à matéria simples o que deveria ser tomado de forma mais abrangente: a vida.

Com o intuito de analisar o relacionamento entre a ciência e a religião, iniciamos com uma importante distinção: nesta, o conhecimento é dogmático, não testável, dependente de crença ou fé; naquela, o conhecimento é replicável, fidedigno, generalizável – duelo que tem séculos de existência e cujas raízes remontam à atualidade.

Esta obra foi dividida em cinco capítulos. No primeiro capítulo, explicaremos a ideia dos escolásticos de que a teologia é ciência. Dentro dessa ótica, comentaremos os pensamentos de Anselmo de Aosta, Pedro Abelardo e Tomás de Aquino. Ato contínuo, no segundo capítulo, analisaremos obras e acontecimentos que deram início à ciência moderna, destacando-se a Revolução Científica e as seguintes personalidades: Nicolau Copérnico, Andreas Vesalius, Galileu Galilei, Johannes Kepler e Isaac Newton. Obviamente, surgiram nesse período filosofias e ideias que influenciaram o desenvolvimento da ciência moderna e que estão destacadas no terceiro capítulo: o Renascimento, o humanismo, o racionalismo e o empirismo.

Seguindo, no quarto capítulo abordaremos os vários modos de embates entre a ciência e a religião, bem como as limitações que cada área pode evidenciar. Por fim, no quinto capítulo, trataremos de forma aguçada do debate entre o criacionismo e o evolucionismo, para, então, apresentarmos algumas possibilidades de diálogo entre a ciência e a teologia.

introdução

Dos debates teológicos emana uma discussão que abrange a enorme diferença entre ciência e teologia. Nesta, concebe-se o conhecimento como dogmático, não testável, dependente de crença e fé; já naquela, o conhecimento é replicável, fidedigno e generalizável. O embate entre ciência e teologia existe há séculos e a ideia geral remanescente é de que são totalmente divergentes.

Não obstante, há vários estudiosos, especialmente da área religiosa e da teologia, defendem que os dois campos podem ser convergentes. No entanto, nesse debate, devemos reconhecer, há algumas desarmonias, sobretudo em razão de os especialistas do método científico empírico renegarem opiniões e apreciações transcendentais, pelo caráter de seu campo de saber. Em seu modo de compreender a realidade, eles desconsideram qualquer nível que vá além do empírico. Na verdade, embora essa realidade seja possível, sua posição metodológica faz que temas como "o absoluto" e "a última realidade" sejam peremptoriamente encarados como sem sentido científico; assim, para os estudiosos da área empírica, essas questões são completamente irrelevantes. Não obstante, para além das divergências, buscaremos neste capítulo clarear as prováveis convergências.

Algumas questões que se impõem ao tentarmos uma aproximação entre as duas instâncias, ciência e teologia, são:

- De que forma é possível estabelecer uma relação entre elas?
- Do que, especificamente, trata cada área?
- Como se deu essa coexistência ao longo da história humana?
- É possível cogitar a possibilidade de diálogo e aproximação entre as duas àreas?

Sobretudo, devemos reconhecer que há, sob a égide desses campos de estudo, um encadeamento histórico assaz complicado. A teologia é uma ciência específica da fé que proporciona um grande benefício à espiritualidade e à religião, ao tratar daquele que é o sentido de sua existência: Deus. Em contrapartida, enquanto as ciências pertencem ao âmbito determinado pela comunidade científica, a teologia pertence à comunidade de fé; e é nesse contexto que se deve construir o debate aqui referido. Tanto a teologia quanto a ciência precisam buscar na virtude da humildade e do diálogo uma forma de contribuir para o progresso da humanidade, não no sentido físico, mas transcendental.

Embora a teologia trate em geral de questões metafísicas, transcendentais, supranaturais, que não podem ser medidas nem pesadas e, portanto, não são em sua maioria comprovadas empiricamente, tem havido uma aproximação entre ela e a ciência. Em vez de se buscar a divergência por si só, o ideal é perceber que cada uma dessas áreas do conhecimento pode fornecer elementos para um melhor entendimento dos objetos de interesse de cada uma. Atualmente, vivem-se momentos de interdisciplinaridade e transdisciplinaridade; não se cogita mais que uma área do conhecimento se julgue a única detentora da verdade.

Pelo fato de não se basearem em considerações metafísicas, e sim em experimentos científicos, os cientistas desprezam um estado extraempírico, seja filosófico ou teológico. Sua metodologia é desconsiderar cientificamente e tratar como não relevantes temas como "Deus", "última realidade" e "absoluto", ou negar algo que transcende ou ultrapassa o âmbito de qualquer realidade visível.

A despeito de tais diferenças, as duas áreas se propõem a alcançar o mesmo objetivo: propor formas de entendimento e explanação sobre o mundo. A teoria da Grande Expansão, também conhecida como *Big Bang*, e a teoria cristã da criação têm a mesma finalidade, ou seja, dar uma resposta à pergunta: "De onde vem o Universo?".

Com o processo conhecido como *secularização*, isto é, com o fato de que a explicação científica sobre a origem do Universo tem sido acolhida pela cultura ocidental, a explicação cosmológica da teologia tem perdido forças ante a grande maioria das pessoas, dilapidando-se a crença na teoria cristã da criação.

Devido ao triunfo das ciências exatas na modernidade, é fatal acolher, do ponto de vista de um sujeito devoto, que o ensinamento bíblico da criação consiste em uma fantasia figurada de fidedignos acontecimentos cósmicos. Nesse sentido, podem conviver na consciência contemporânea os dois referenciais, isto é, os proeminentes escritos bíblicos e as hipóteses astrofísicas hodiernas.

De fato, pode-se asseverar até certo ponto que, de acordo com a perspectiva sociológica, são admissíveis agora mais convergências entre religião e ciência do que já se arrazoou no século passado. O mesmo pode acontecer com a experiência religiosa. Se imaginarmos um crente que começa a frequentar uma igreja cristã, qual é a situação que ele enfrenta?

Ele nem tem a competência, nem a "reputação" de negar as teorias e as pregações com as quais seus pastores o confrontam. Para crescer e se manter dentro do sistema religioso institucional, ele tem que aceitar a matéria apresentada nos cultos. Os conteúdos não são tão abstratos, nem tão distantes da sua experiência cotidiana; assim, não lhe resta outra opção a não ser "crer" no que está escrito nos manuais impostos pelos mestres daquela igreja. Ele tem que ter confiança na fala das grandes autoridades dentro da comunidade eclesiástica da qual ele passou a participar. Talvez, depois de frequentar a igreja por vários semestres, ele desenvolva a potencialidade de causar uma revolução de caráter empírico, uma reforma no depósito de conhecimento estabelecido e não seja mais questionado pela geração anterior. Mas, como no mundo acadêmico, isso só acontece excepcionalmente. A regra é que o fiel de ontem se torna um representante de uma tradição eclesiástica já estabelecida. (Usarski, 2002)

É extremamente comum que estudiosos vejam a teologia, especialmente a teologia cristã, como um embaraço no processo de desenvolvimento da ciência. É bem verdade que a história prova que a religião e a teologia podem ter esse efeito. Isso é bem ilustrado pelo famoso caso de Galileu Galilei[1]. Todavia, nesse contexto, é muito interessante verificar uma hipótese levantada por Max Weber (2015), pensador alemão que procurou demonstrar que a tradição judaico-cristã é a procedência de todas as ciências

---

1   Galileu Galilei, um dos principais nomes do Renascimento nos séculos XVI e XVII, foi um grande matemático, físico e astrônomo, nascido na Itália, em 1564. Contrário ao geocentrismo, ele procurou difundir a ideia heliocêntrica, sendo acusado de heresia pela Igreja Católica, tão poderosa na época. O Tribunal da Santa Inquisição o fez assinar um documento em que declarava que o sistema heliocêntrico era apenas uma hipótese. No entanto, voltou a defender a sua posição posteriormente. Veio a falecer em 1632, cego e condenado pela Igreja.

contemporâneas. Segundo ele, as ciências teriam nascido e crescido na Europa, porque foi nesse continente que as duas religiões – judaísmo e cristianismo – se desenvolveram durante séculos e, por isso, deixaram algumas marcas assaz formidáveis, como a percepção dualista de mundo. Por conseguinte, isso abarcaria a compreensão de uma divindade peremptoriamente transcendente: Deus seria separado e cabalmente distinto do mundo. Este, uma vez existindo, teria adotado suas estruturas inflexíveis; ou seja, ao se crer na existência de Deus, a humanidade ocidental passa a adotar as estruturas inflexíveis de Deus.

Continuando sua forma de argumentação, Weber destaca que essa opinião conceitual causou uma bifurcação entre os intelectuais: alguns estudiosos exacerbaram o valor da teologia, que se preocupava com o aspecto divino do ser; outros, levados pelas ciências exatas, sugeriram certa inteireza, uma espécie de cosmos longínquo de Deus, que pode perfeitamente ser exposto a uma averiguação específica. A conclusão lógica de Weber foi que, em vez de embaraçar e confundir o aumento científico, a teologia o instigou sobremaneira.

O que aconteceu então? Alguns físicos cristãos não permitiram que sua própria religiosidade os bloqueasse, inibindo-os de fazer proposições que se tornariam os grandes e novos padrões em suas respectivas áreas do saber. Mesmo forjando e aderindo a esses novos tais paradigmas, muitos nunca repudiaram a fé cristã. Weber chega à conclusão lógica de que aquilo que a teologia cristã havia lhes instruído não chegou a ser totalmente abalado por seus descobrimentos e pelos modelos que abafaram a teologia cristã.

Por outro lado, a teologia cristã também pode ser considerada responsável até certo ponto pela dificuldade que a sociedade tem de aceitar as novas ideias propostas pela ciência. Talvez, a questão mais relevante seja como avaliar esse efeito.

Na verdade, podem-se questionar, também, os riscos ocasionados pela pesquisa científica, partindo de pressupostos éticos. Como assegurar que a inovação sempre conduza à melhora na vida humana ou na adaptação do homem à natureza? As discussões decorrentes de inovações tecnológicas (como a manipulação genética de seres vivos, que potencialmente provoquem mutações ou criem novos seres), demarcação de todo um campo do saber (como a biotecnologia) e inovações médicas (novos tratamentos baseados em células-tronco e manipulação de embriões, por exemplo) reforçam a necessidade de se instaurar uma instância de controle que, acima de tudo, seja ética ou mesmo moral. Isso é relevante ainda que seja apenas como uma chamada à consciência, à responsabilidade deontológica dos próprios pesquisadores, em contraposição à ideia de que na ciência tudo pode ser pesquisado ou proposto como projeto e legitimado por ser orientado por um método. É em meio a essa discussão que se colocam as instâncias de limitação ética do ser, religiosas ou ligadas à religião, em sua concepção transcendente. Mesmo que fique constatado, ao final, que não houve intenção de contrariar o controle ético ou o debate não identifique tais perigos, sempre insta que se tenha, em algum momento, uma reflexão crítica que possa prevenir os impactos negativos de qualquer intervenção que se intitule *avanço* ou *progresso* – se não com o objetivo de freá-la, ao menos com o interesse de refletir sobre seu impacto. É nesse sentido que refletem os pensadores da relação ciência-religião, como Dr. Frank Usarski.

Em conclusão, há entre a ciência e a religião alguns aspectos de afastamento em suas proposições e práticas, porém há também alguns de aproximação. Mesmo levando-se em conta que a ciência trata de realidades empíricas e físicas – no sentido de que se manifestam na realidade física, percebida pelos sentidos –, não se pode negar a importância da religião e da ciência que dela se ocupa. Essa relevância se revela tanto na abertura para reflexão sobre os aspectos imanentes do método que sejam guiados por princípios éticos como também no diálogo possível e desejável entre as duas áreas do saber.

capítulo um

A teologia como ciência na visão dos escolásticos

Nos primórdios do cristianismo, os cristãos deixaram de ser apenas seguidores de uma seita para se tornar participantes do culto oficial do Império Romano, disseminado pelo Mar Mediterrâneo. A Igreja se desenvolveu e se enraizou. Ao atingir o período que ficou conhecido como *Idade Medieval*, ela buscou se fortalecer por meio do diálogo com o mundo exterior. A teologia escolástica, em seus estudos, investiu na conformidade entre a fé e a razão. Todavia, a habilidade de análise na argumentação em favor da fé e dos fatos divinos não se encurvaria mais às Escrituras Sagradas, mas às arguições da filosofia. Desse modo, a cristandade desfrutaria do conhecimento divino e humano, tendo na filosofia de Aristóteles seu fundamento de confirmação.

A transição entre os séculos V e VI foi o marco divisório entre a Idade Antiga e a Idade Média. Houve a derrocada e o desmoronamento da comunidade imperial romana e o insurgir de um novo sistema: o feudalismo. Destarte, raiou uma nova cosmovisão da realidade, com base na qual a teologia medieval passou a se sustentar. Entre os séculos VI e X, desenvolveu-se o que se denominou *Alta Idade Média* e, entre os séculos XI e XV, o que se chamou *Baixa Idade Média*. No começo, a Igreja recuou e incorporou-se ao Império Germânico; o choque entre o bispo de Roma e o patriarca de Constantinopla foi bastante aferrado; contudo, nesse período, a teologia ficou desaparecida, e não houve altercações teológicas significativas.

Mas, depois daquele tempo, deu-se início ao Renascimento, e a cristandade recrudesceu, tornando-se uma realidade. As admiráveis edificações de conventos, a conversão à fé cristã entre os germanos e os francos, a admoestação e o ministério dos frades irlandeses e o amparo aos pobres fortaleceram o domínio eclesial, fosse ele espiritual, místico ou prático. Com essa nova realidade, a fé tornou-se o ponto de largada, e o axioma integral, o ponto de chegada. Nesse novo sistema, a teologia medieval se expandiu até atingir o seu auge no século XIII, com Tomás de Aquino. Essa nova e original postura de raciocinar sobre Deus, no campo universitário, passou a conversar com a lógica aristotélica e privilegiou a leitura histórico-literal das Sagradas Escrituras.

Os escolásticos eram os catedráticos em artes liberais, filosofia e teologia. As escolas foram divididas em: (i) monacais, inerentes aos conventos; (ii) episcopais, sob a responsabilidade dos bispos; e (iii) catedráticas e palatinas, coladas aos palácios, que dependiam de impulso político. Estas últimas foram esquematizadas por Carlos Magno com cobrança de disciplinas conectadas à literatura, às artes liberais e aos estudos da *Bíblia*.

A partir de então, as remotas provas da existência de Deus já não eram mais satisfatórias; necessitava-se de um juízo lógico que amparasse as declarações da *Bíblia*. Abdicando a via apofática, isto é, o caminho de matéria da revelação bíblica e do mistério, a teologia adotou a via catafática como ferramenta imprescindível para as arguições sobre Deus e sua existência. A metodologia aristotélico-cristã tornou-se obrigatória nas leituras e nos debates. *Lectio* (leitura) era a primeira postura do educando; sem essa pressuposição, sem acesso aos pensamentos arquitetados pela tradição cristã, não existiria qualquer espécie para um bom conhecimento e tampouco para um bom *disputatio* (debate) estabelecido sobre os fundamentos da fé e da razão: teologia e filosofia; ou seja, o transcendente e o imanente. Mestres como Carlos Magno (742-814), João Escoto Erígena (810-877), Anselmo de Aosta (1033-1105), Pedro Abelardo (1079-1142), Tomás de Aquino (1225-1274) solidificaram uma teologia mais filosófica e muito menos bíblica.

Destarte, foi isso o que de fato aconteceu na história do pensamento cristão: Agostinho de Hipona (354-430) e os Pais da Igreja[1] se enveredaram pela chamada *posição apofática*, optando pelo protótipo platônico-cristão; os escolásticos, especialmente Tomás de Aquino, procuraram um sustentáculo teológico com base no segundo paradigma, conhecido como *catafático*: o modelo aristotélico-cristão. No entanto, haveria um terceiro paradigma: pensadores como Guilherme de Ockham (1288-1347), Nicolau Copérnico (1473-1543) e Galilei Galileu (1564-1642) abriram as portas à ciência moderna e à probabilidade de repensar a teologia, partindo desse novo ambiente em que a verdade, mais que raciocinada, deveria ser experimentada. A via científica foi defendida mais tarde por Friedrich Schleiermacher (1768-1834), segundo o qual a experiência de Deus seria muito mais importante do que as provas lógicas de sua existência.

---

1 Pais da Igreja foram eminentes teólogos e mestres cristãos do início do cristianismo. Alguns deles foram bispos proeminentes. Os pais da Igreja existiram entre os séculos II e V. O estudo de seus escritos é cognominado de *patrística*. Dentre os mais importantes podem ser citados: Justino, o Mártir; Tertuliano; Orígenes; Irineu; e, Agostinho, o maior expoente daquele período.

1.1 Anselmo de Aosta

Anselmo de Aosta foi um dos maiores pensadores cristãos. Monge beneditino, o teólogo italiano compôs a maioria de suas obras no momento em que exercia a função de abade no convento de Bec, na Normandia. Em seus escritos, manifestou a pujança da teologia platônico-cristã; todavia, esteve sempre acessível ao que haveria de nascer: a teologia aristotélico-cristã. Esquadrinhou uma composição das duas posições sem fixar a autossuficiência da fé e sem destacar a razão como imperante e irrestrita. Por essa proeza, foi avaliado por alguns teólogos como "o primeiro dos escolásticos".

Para se compreender a teologia de Anselmo, basta fazer uma consideração sobre a ideia de que é necessário crer para compreender. A teologia, em seu ponto de vista, apesar da discrepância de metodologias, é determinada pela fé, e esta não é infantil e bruta, mas uma atitude inteligente que pretende contemplar, com esmero, o objeto de seu amor.

São dois os escritos de Anselmo que tratam das provas da existência de Deus: *Monológio* e *Proslógio*. A primeira é o resultado de uma ponderação solitária; por isso, é reconhecida também como *Solilóquio*, como apresenta o prólogo da obra: "Tudo o que ali digo, digo-o como um homem que examina e busca, na solidão do seu pensamento, as coisas que anteriormente não havia compreendido" (Aosta, 2016). Nessa obra, Anselmo deixa transluzir uma teologia *a posteriori*, isto é, as provas racionais da existência de Deus são retiradas dos resultados da natureza. Sob essa orientação, o pensador adota a via "catafática" da afirmação de Deus. Com base em argumentos lógicos, extraídos da natureza, Anselmo crê que se pode admirar Deus naquilo que ele tem de grande e bom. E, desde que não pode existir nada supinamente grande se não é sumamente bom, deriva que deve existir um ser que, da mesma forma, é o maior e o melhor, isto é, sumamente elevado a todas as coisas.

Proslógio, a segunda obra de Anselmo sobre as provas racionais da existência de Deus, diferente da primeira, parece ser um diálogo que busca provocar uma discussão ou *disputatio* nas escolas. Nesse escrito, o autor propõe o método apofático, isto é, *a priori*. O sentido da vida, da natureza, não é retirado da criação, mas do próprio Criador. É pela vista de Deus, pela origem divina, que se encontra lógica no raciocínio humano. Por conseguinte, a teologia platônico-agostiniana é jazida por Anselmo não só na consideração sobre a divina aspiração salvífica, mas igualmente na afirmação de Deus como último princípio, como fundamento do ser da criatura, como um elemento maior do que a capacidade humana de pensar.

Deus é, segundo Anselmo, aquele ser sobre o qual não se pode pensar nada maior; destarte, a razão deve estar subordinada à fé: a primeira técnica em busca do conhecimento é a contemplação, seguida pelo entendimento. Em seus momentos de contemplação, Anselmo meditava sobre a sabedoria divina, intuía o quão distante estava dessa verdade, mas percebia já estar redimido pelo fato de ansiar compreendê-la. Em seu *Proslógio*, aparece a máxima de Anselmo: "Não procuro antes compreender para crer, mas creio para compreender" (Aosta, 2008, p. 11). Por amor, a fé deseja conhecer a verdade e, por isso, é perfeitamente possível fazer a passagem da fé ao pensamento. A verdade suprema, para ele, existe em si e não se submete a nada.

1.2 Pedro Abelardo

André Müller

Pedro Abelardo foi mestre em Paris no século XI e manteve-se próximo às escolas episcopais ou catedráticas, procurando dar sustentáculo racional às verdades da revelação cristã. Foi respeitado, assim como Anselmo, como um dos precursores da teologia escolástica. Pela via catafática, Abelardo apreendeu que a lógica aristotélica pode assessorar a fé acerca dos raciocínios e da justificação das provas da existência de Deus. Sendo bem mais radical, não negou a dialética, entretanto, foi alvejado por ataques de seus oponentes.

Em sua obra *Lógica para principiantes*, evidencia, com base em Aristóteles, que é das substâncias que se deve extrair a essência; da existência das coisas se extrai o seu conceito. Reconhecer o universal pelo particular, ou a causa pelos efeitos, é para esse autor norma para qualquer conhecimento. Abelardo criticou aqueles que usaram da lógica para se proteger do apriorismo teórico e advertiu que a ciência de achar argumentos e julgá-los, isto é, de ratificar e demonstrar os argumentos descobertos, estabelece uma ordem, a qual se dirige, em primeiro plano, para o particular, pois exige que se conheçam anteriormente os termos, depois as proposições e, enfim, as arguições.

O estudo de Abelardo sobre lógica trouxe para a escolástica não só a filosofia abafada de Aristóteles, que seria mais tarde retomada por Tomás de Aquino; todavia, o debate sobre a ideia de a teologia ser também ciência é exposta por ele, já que igualmente a teologia precisa encontrar argumentos e demonstrar de forma clara tais argumentos descobertos referentes à existência de Deus.

1.3 Tomás de Aquino

Na mesma linha de argumentação de Anselmo, mas sob a direção da filosofia de Aristóteles, desenvolve-se um debate acerca das provas da existência de Deus, além de se festejar o fato de a teologia ter sido reconhecida como ciência da doutrina cristã. Tal vitória foi de fato comemorada, pois existiam aqueles que negavam a ela sua perspectiva científica; outros asseveravam seu aspecto utilitário, e não o especulativo.

Entretanto, Tomás de Aquino confere à teologia seu adequado regulamento epistemológico, diferenciando-a de qualquer outro tipo de conhecimento científico. A *Bíblia* é a ciência que tem Deus como sujeito e objeto. Concomitantemente, ela é o "discurso sobre Deus" e a realidade sobre a qual se edifica uma prédica: a teologia. Nessa acepção, Aquino distingue a teologia bíblica da teologia filosófica e ressalta que a teologia bíblica, à luz de uma sabedoria supina, é gerada de princípios revelados pelo próprio Deus. Contudo, sendo um escolástico, Tomás de Aquino se interessa pela teologia filosófica.

Tomás de Aquino nomeia a teologia de *primeira filosofia* ou *metafísica*. E vai mais além: assevera que não há qualquer contradição entre as verdades da razão, da filosofia e da fé (teológicas), haja vista o intelecto humano estar sempre aberto à transcendência, à apreensão e à certificação da divinal verdade. Ao harmonizar as ciências filosofia e teologia, Tomás de Aquino ressalta que, apesar de serem independentes, são interdisciplinares, e por isso é plausível, com base nelas, organizar uma síntese entre a revelação cristã e o conhecimento.

Para esse importante pensador, existe uma alteração quanto ao objetivo e aos métodos: todavia, em relação à investigação da verdade, o anseio é igual. Quanto à discrepância em relação ao objetivo, Tomás de Aquino nota que a teologia tem em vista a redenção do ser humano, isto é, ajuda a avaliar a verdade sobre Deus. Entretanto, ao lado da ciência natural, ela pode explorar as verdades naturais e auxiliar na concepção da síntese entre o natural e o sobrenatural. Sem afastar-se de seu objeto – "Deus e as criaturas", pesquisados à luz da revelação bíblica –, para o frade italiano, a doutrina cristã não deve se preocupar com as pessoas da mesma maneira que o faz com relação a Deus. Ela deve se preocupar primariamente com Deus; em segundo plano, com aquelas pessoas que tem em Deus seu princípio e fim.

Ao retomar a sugestão apriorística de Anselmo sobre a existência de Deus, Tomás de Aquino argumenta que é impossível, em um primeiro momento, atravessar a via da descida, ou seja, da essência divina à existência, pois o ponto de partida deve ser o adverso. Antes de ratificar a existência de Deus, a razão humana apresenta simplesmente uma reminiscência restringida, e não um conhecimento real de Deus. A hipótese "Deus existe", por si mesma, é nitidamente evidente; contudo, carece de demonstração e comprovação por meio de determinados elementos que, embora sejam inferiormente manifestos, são para os seres humanos muito mais concretos: **os efeitos**.

Tomás de Aquino (2003) propõe, em sua clássica obra *Suma teológica*, sob a égide da linguagem e da filosofia aristotélica, uma teologia *a posteriori* das provas naturais da existência de Deus. São as chamadas *cinco vias* e podem assim ser parafraseadas:

1. **Do movimento ao motor imóvel:** Tudo o que se move é movimentado por outro que, igualmente, recebe o impulso de outro, e assim retroativamente, até atingir o motor imóvel que movimenta todas as coisas por si só. A esse motor imóvel Tomás de Aquino denomina *Deus*.
2. **Das causas à causa eficiente:** Qualquer causa tem outra causa. Uma coisa não pode ser procedente de si mesma; ela carece ser trazida à existência por outra. Essa causa eficiente, ocasionadora de todas as demais coisas, é o que todos chamam de *Deus*.
3. **Do contingente ao necessário:** Existe a necessidade de um ser que seja por si só necessário e que seja a causa da necessidade de outro. Esse ser é o que se chama *Deus*.
4. **Dos graus de perfeição:** Os graus de perfeição se colocam diante das coisas finitas como ultimato de concretização. Há alguma coisa de sumamente primoroso, bom e esplêndido em direção à qual tudo marcha. A isso se chama *Deus*.
5. **Da ordem do mundo:** Os seres despojados de inteligência jazem na desordem; no entanto, estendem-se a um fenecimento ou à ordem perfeita; essa tendência decorre de um ser consciencioso e espertíssimo pelo qual todas as coisas são classificadas. A esse ser da-se o nome *Deus*.

É extremamente formidável apreender que, a despeito da ajuda da filosofia, Tomás de Aquino não une essas avaliações a nenhuma hipótese científica, mas aos princípios adequados da metafísica, que, de certa maneira, reporta às Sagradas Escrituras, cuja veracidade escatológica está no seguinte princípio: *regressus ad infinitum*. A conformidade entre fé e razão é, para Tomás de Aquino, a prova esplendorosa da interação entre Deus e os homens, pois, se todo conhecimento e toda ciência vêm de Deus, o conhecimento do ser humano, ainda que embaciado, mantém-se em torno do princípio de todo saber – Deus.

A teologia de Tomás de Aquino tornou-se referência para diversos teólogos que, até o século XV, se inquietavam na construção de argumentos sobre a existência de Deus. A partir desse século, o preceito tomista passou a ser arguido, dando acesso a outro paradigma, muito mais científico e menos teológico.

Em suma, podemos afirmar que nas escolas monásticas e catedráticas formaram-se vários teólogos, entre eles Anselmo, Abelardo e Tomás de Aquino. Na reflexão desses pensadores, não estava exclusivamente uma teologia da justificação pela fé, mas uma inquietação com a alocução racional sobre Deus. Na verdade, o instrumento lógico aristotélico, *a quaestio* (questão), não era só réplica a um problema, mas uma metodologia metódica de incubação do conhecimento: primeiro, catalogavam-se as conjecturas antagônicas; depois, procurava-se descobrir uma razão em favor de um dos termos ou uma distinção que constituísse a cada qual seu componente de verdade.

A Igreja, de acordo com o ponto de vista escolástico, preocupou-se com as coisas espirituais, sem olvidar que ela é terrena e que, em sua caminhada para Deus, necessitava ponderar a inteligência humana como aliada, e não como opositora. A escolástica foi a aspiração da Igreja medieval: uma associação de preceitos organizada nos maiores centros de estudos da cristandade com a finalidade de escrever e doutrinar com exatidão lógica e competência crítica.

Questão para reflexão

Considere o exposto neste capítulo e compare pensamentos de Anselmo de Aosta, Pedro Abelardo e Tomás de Aquino.

capítulo dois

As origens
da ciência moderna

Após o estudo e a discussão sobre os escolásticos, propomos comentar várias obras que forneceram as bases para a ciência moderna. Elas divergem veementemente do período anterior por conta da grande mudança da cosmovisão que o homem moderno passou a ter. Na Idade Média, o homem do Ocidente estava preso totalmente ao que a religião católica romana propagava. A partir da modernidade, no entanto, a ciência começou a ganhar força e a desbancar certos pressupostos religiosos que eram tidos como infalíveis. Assim, na concepção moderna, a cosmovisão do homem passou a ser muito mais influenciada pela ciência e pela filosofia, e cada vez menos pela religião.

2.1 A Revolução Científica

Até a Idade Média, o conhecimento do ser humano estava em alto grau conectado ao modo de percepção da vida que a religiosidade disseminava. A ciência, por sua vez, estava muito presa à filosofia e tinha diversas restrições. A Revolução Científica, que iniciou-se no século XV, representou um conhecimento mais estruturado e prático, ampliando cada vez mais configurações empíricas para averiguar os fatos.

Assim, a partir do século XV, com a quantidade enorme de novas concepções a respeito de muitas ciências, o homem viu-se forçado a aceitar uma reformulação muito grande em sua maneira de encarar a realidade, os objetos, os movimentos e até mesmo as estrelas do céu. Nas ciências, com a definição de métodos de estudo e de análise, como os métodos indutivo e dedutivo, foi-se ampliando o papel da ciência até pelo menos o século XVIII. Foi a revolução promovida pelo Renascimento que permitiu que o conhecimento fosse organizado, como queria Bacon, e também deduzido do pensamento humano, como queria Descartes. Essa revolução também preconizou que todo o método de produção de conhecimento da Idade Média, com suas práticas de comentar e estender o que o sábio escolhido como autoridade já havia escrito, como foi na escolástica, fosse questionado e derrubado. Entretanto, ainda que na época tenha havido uma verdadeira pletora de novos conhecimentos e ciências, o termo apropriado para descrevê-la (Revolução Científica) só foi criado por Alexandre Koyré, em 1939. Antes disso, só se conheciam os feitos separados, sem que lhe fosse conferida uma unidade como evento de época.

2.2 Antecedentes da Revolução Científica

Vários pensadores e também movimentos sociais, culturais e religiosos deram preciosos subsídios para o desenvolvimento da Revolução Científica. Uma das questões fundamentais foi a publicação de obras essenciais de pensadores e cientistas famosos: surgiram algumas teorias revolucionárias que influenciaram o pensamento humano, as quais provocaram mudanças significativas em vários aspectos da vida humana na Terra, num grande movimento que veio a ser chamado, como dissemos acima, *Revolução Científica*. Algumas ideias, publicadas e partilhadas entre os pensadores, incitaram densas e intensas inquietações, forjando novas formas de o homem analisar a si mesmo e a natureza que o rodeia. Por exemplo, a percepção matemática na apresentação dos cursos dos planetas, ensinada de forma embrionária pelos babilônicos, foi aperfeiçoada e aquilatada pelos gregos.

Houve, no início do século XVI, publicações de algumas obras que estimularam indubitavelmente a Revolução Científica. São elas:

- *De humani corporis fabrica* (*Da organização do corpo humano*), de Andreas Vesalius;
- *De revolutionibus orbium coelestium* (*Das revoluções das esferas celestes*), de Nicolau Copérnico;
- *Dialogo sopra i due massimi sistemi del mondo* (*Diálogo sobre os dois principais sistemas do mundo*), de Galileu Galilei;
- *Astronomia Nova... De motibus stellae martis*, que apresenta as duas primeiras leis de Kepler, e *Harmonices Mundi*, que enuncia a terceira lei de Kepler, ambas de Johannes Kepler.

2.3 Nicolau Copérnico

A importância de Nicolau Copérnico (1473-1543) é tão grande para a ciência até a atualidade que, por vezes, a própria evolução ocorrida na ciência em sua época é chamada *revolução copernicana*. O termo é usado até mesmo por filósofos da ciência modernos, como o epistemólogo Lakatos (1989, p. 168-192), que define o *heliocentrismo* como a hipótese de que a Terra gira em torno do Sol, e não o contrário; ou, melhor dizendo, que o melhor referencial fixo para se verificar o movimento planetário e estelar sejam as chamadas *estrelas fixas*, e não a Terra. A isso convencionou-se chamar *mudança do geocentrismo ptolomaico para o heliocentrismo copernicano*.

André Müller

A teoria tratada como verdade antes da obra de Copérnico era derivada dos estudos de Ptolomeu e Aristóteles e era aceita por ser creditada à *auctoritas*[1], ou seja, à sabedoria dos textos dos antigos, o que quer dizer que a tradição reconhecia os autores como sábios e portadores da verdade, sem que seus métodos ou conclusões fossem testadas ou mesmo questionadas. A sabedoria tradicional, na Idade Média, era muito ligada à *auctoritas*, conferida em geral pela

---

1 O filósofo e semiótico Umberto Eco discute a posição e a reverência medieval à *auctoritas* em suas obras, particularmente em *Semiótica e filosofia da linguagem*: "*Non nova sed nove* significa, então, na prática exegética: mostre-se que aquilo que me parece oportuno encontrar no texto foi de algum modo pré-autorizado por alguma *auctoritas* tradicional"; e "É apenas numa comunidade regida pelo respeito ao modo simbólico que se percebe a exigência de uma *auctoritas*" (Eco, 1991, p. 140; 142).

tradição religiosa e filosófica, desconsiderando aquela obtida pelos métodos científicos atuais, derivados principalmente de filósofos posteriores a Copérnico, como Descartes e Rousseau, no século XVII. Por isso, não era correto questionar uma teoria tradicional, pois ele contrariava a verdade da tradição. Por esse motivo, houve grande reação do poder eclesiástico ao ver surgir a Revolução Científica, inclusive com condenações pela Inquisição. Os casos mais conhecidos da reprovação eclesiástica são a condenação de Giordano Bruno (1548-1600) à fogueira e a retratação de Galileu Galilei.

Até os estudos de Copérnico, a teoria dominante era a *geocêntrica*, que coadunava com a posição eclesiástica de então, principalmente pelas razões já alegadas e também porque, pelo constante no texto bíblico, considerado inquestionável, a Terra só poderia ser o centro do Universo: Deus fez a Terra logo no primeiro dia da Criação (Gênesis, 1: 1; 10) e, após, colocou os luminares do dia e da noite e fez as estrelas, colocando-os todos na expansão dos céus para iluminar a terra no quarto dia (Gênesis, 1: 16-17; 19). E a terra estava imóvel, enquanto o Sol e a Lua se moviam e em certo momento foram parados, conforme consta no texto de Josué (10: 12-13): "Sol, detém-te em Gibeom, e tu, Lua, no vale de Ajalom. E o Sol se deteve, e a Lua parou, até que o povo se vingou de seus inimigos". Para as interpretações mais restritas ao texto impostas na época, essa era uma prova de que o Sol e a Lua se moviam e foram parados. Portanto, era lógico concluir que, para essa sabedoria tradicional, o modelo ptolomaico era superior, porque refletia a sabedoria dos predecessores.

Copérnico, em *De revolutionibus orbium coelestium* (*As revoluções das órbitas celestes*) de 1543, propõe uma nova explicação para o movimento dos astros no céu, o chamado *heliocentrismo*. Nessa obra, ele relatou seus temores relativos à novidade do que propunha: "Quando dediquei algum tempo à ideia, o meu receio de ser desprezado pela sua novidade e o aparente contrassenso quase me fez [sic] largar a obra feita" (Copérnico, citado por Feitosa; Miranda; Neves, 2014, p. 275). Durante sua vida, Copérnico não foi alvo de muita controvérsia no que se refere à sua concepção astronômica; de fato, algumas autoridades até se impressionaram com suas sugestões. Sua obra foi publicada bem ao fim de sua vida, portanto, ele não sentiu muito a repercussão entre os outros cientistas.

Nicolau Copérnico foi astrônomo, médico, padre e artista de talento; tinha conhecimentos nas principais ciências ofertadas nas universidades de seu tempo: medicina, matemática, astronomia, línguas clássicas e direito. Por ter tal formação, profunda e universal, exerceu vários cargos institucionais, foi cônego e médico na cidade de Frauenburg, propôs reformas no calendário, planejou uma reforma monetária para seu país, em virtude da existência de moedas específicas em cada cidade; porém, nenhum desses interesses lhe tirava o gosto pela astronomia. Por isso, havia publicado já, entre 1497 e 1529, 27 comentários sobe observações, anteriores à obra fundamental *De revolutionibus orbium coelestium*, de 1543.

A teoria de Copérnico, em linhas gerais, não era superior à de Ptolomeu, inclusive no que diz respeito às inconsistências entre a previsão teórica e o observado, como nas posições do planeta Marte, por exemplo. Nesse aspecto particular, vê-se até mesmo que as previsões em tabelas baseadas no sistema ptolomaico eram mais acuradas. O astrônomo polonês foi bastante conservador em boa parte de suas conclusões, preservando o modelo de Aristóteles em muitas concepções. Sua principal motivação ao propor seu sistema era a retomada das antigas ideias da filosofia grega, principalmente as de Aristóteles (384 a.C.-322 a.C.), portanto anteriores a Ptolomeu (90 d.C.-168 d.C.), e seu mérito foi o renascimento da astronomia matemática, ideia grega, em oposição à astronomia especulativa. Copérnico demonstrou-se insatisfeito com as propostas de

Ptolomeu para explicar os movimentos dos corpos celestes: o chamado *equante*[2]. A discordância referente a esse conceito, principalmente a insatisfação causada pela irregularidade dos equantes e um desejo pela simetria e ordem motivaram suas proposições. Uma solução possível para essa irregularidade era a proposta de que a Terra se move, o que explicaria o movimento retrógrado de alguns planetas; essa ideia permitiria conferir ao sistema solar ordem e regularidade aparentes. Copérnico propôs, então, um sistema em que os planetas se movem de maneira uniforme, com velocidade angular constante em volta do centro. Sem muitas elucubrações científicas, essa teoria pode ser resumida da seguinte forma:

- O Sol é central no Universo, fixo e imóvel.
- Em volta do Sol, giram os planetas (ele diz que a Terra é como qualquer outro planeta, girando em torno do Sol), em círculos, na ordem: Mercúrio, Vênus, Terra, Marte, Júpiter e Saturno.
- Cada planeta tem seu período de revolução diferente, proporcional à sua distância em relação ao Sol.
- A Terra e os planetas giram em torno de um ponto vazio, distante do Sol cerca de três diâmetros solares. Esse ponto também gira em torno do Sol lentamente.
- Esse sistema possibilita o cálculo da distância entre os planetas e o Sol.

Ao observar a vagarosa mudança da posição do eixo de rotação da Terra, Copérnico elucidou corretamente a ocorrência dos

---

2   O *equante* é a resolução proposta pelos ptolomaicos para a questão do movimento dos planetas. Os planetas, para eles, moviam-se em um pequeno círculo (*epiciclo*), cujo centro está em um círculo maior (*deferente*). O equante, então, seria um ponto deslocado em relação a cada deferente, em torno do qual o centro do epiciclo se move, sempre em velocidade constante em relação a esse ponto.

equinócios. Da mesma maneira, abordou o conhecimento de vários planetas do Sistema Solar. Outra descoberta de Copérnico foi sua brilhantíssima elucidação do que ocasiona as quatro estações no planeta: ele concluiu que o eixo rotacional da Terra não é perpendicular ao plano de sua órbita.

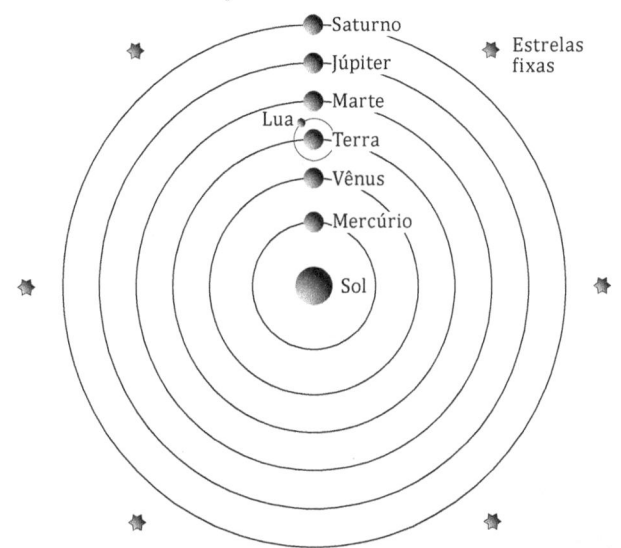

Figura 2.1 Sistema solar de Copérnico

Fonte: Adaptado de Damasio, 2011, p. 3.

A confrontação à sua teoria ocorreu apenas no século seguinte, época em que a Inquisição estava em ascensão, quando Galileu Galilei (1564-1642) defendeu a tese heliocêntrica.

O que importa salientar é que os estudos de Copérnico demarcaram uma enorme mudança no entendimento humano. O Universo, até então considerado geocêntrico, passou a ser heliocêntrico; ou seja, o centro não seria mais a Terra e sim o Sol. Além disso, Copérnico asseverou que a Terra era tão somente mais um planeta que fazia uma órbita ao redor do Sol durante todo um ano e que girava ao redor de si mesmo durante todo um dia. Embora ele tenha posto o Sol como o centro das esferas celestiais, jamais fez deste o centro do Universo; no entanto, apontou-o como bem próximo dele. A disseminação e a aceitação progressiva da teoria heliocêntrica (em verdade, deveria chamar-se *heliostática*, já que o Sol não era exatamente o centro, conforme explicamos) teve consequências mais duradouras para a ideologia que para a astronomia; esta continuou se desenvolvendo com Tycho Brahe (1546-1601), Kepler (1571-1630) e, principalmente, só pôde realmente confirmar a validade de algumas de suas ideias em 1837, por Friedrich Bessel (1784-1846), em 1837.

2.4 Andreas Vesalius

O médico Andreas Vesalius (1514-1564) nasceu em Bruxelas e é considerado por muitos o *pai da anatomia moderna*. Sua principal obra é *De humani corporis fabrica* (*Da organização do corpo humano*), de 1543, um fantástico atlas de anatomia, confeccionado após dissecação de inúmeros restos mortais humanos. Essa sua produção foi altamente revolucionária, intrigante e perturbadora naquele período. Era dividido em sete partes: livro 1 – ossos; livro 2 – músculos; livro 3 – sistema circulatório; livro 4 – sistema nervoso; livro 5 – abdômen; livro 6 – coração e pulmões; livro 7 – cérebro.

A importância de Vesalius reside no fato de que, com seus escritos, tornou-se um dos eminentes artistas de seu período, haja vista ter levantado hipóteses e, com base nelas, inspirado vários pintores de então, como Da Vinci.

> *Extremamente pouco havia sido descoberto sobre Anatomia e Fisiologia desde a Antiguidade, cujas descobertas fossem fundamentadas na dissecação de animais. A falta de aulas práticas de Anatomia na Universidade de Paris fez com que ele, assim como Michelangelo, frequentassem cemitérios procurando ossadas tanto de criminosos executados quanto de vítimas de pragas.* (Goulart, 2010)

Vesalius tinha doutorado em medicina e sua importância se deve ao lançamento de duas obras magníficas. Em 1538, publicou as *Tabulae Anatomicae sex*, um conjunto de seis desenhos representativos de anatomia. Oito anos depois desse feito, tornou-se, por nomeação, médico da corte do sacro imperador romano Carlos V. Quando este resignou o trono em 1556, Vesalius passou a trabalhar para o rei Filipe II da Espanha.

2.5 Galileu Galilei

Galileu Galilei (1564-1642) nasceu em Pisa. Foi matemático, físico, astrônomo e filósofo. Era cristão católico, mas tinha um temperamento conflituoso. Viveu em um período extremamente atribulado, quando a Igreja Católica Romana reforçava a sua vigilância sobre os dogmas doutrinários a fim de fazer frente às derrotas que ocorreram com a Reforma Protestante.

Inicialmente, Galileu desejava ingressar no monastério, mas seu pai era contrário a tal objetivo e o proibiu de assim fazer, inscrevendo-o na Universidade de Pisa para cursar medicina. Enquanto fazia o curso, o filósofo desvendou que o andamento do pêndulo não dependia de sua massa, mas unicamente da dimensão do fio. Essa descoberta ficou conhecida como *isocronismo do pêndulo*. Galileu começou, então, a trabalhar com o desígnio de confeccionar relógios com maior exatidão. Sua descoberta e seu valioso trabalho deram origem ao relógio de pêndulo, muito usado desde essa época.

Após dois anos, desistiu do curso de medicina para estudar matemática. Seu pai se opôs novamente, mas mesmo assim Galileu largou a universidade sem obter o título e foi embora para Florença, onde, para sobreviver, deu aulas particulares e prosseguiu em seus estudos de matemática, mecânica e hidrostática. Nessa fase, arquitetou e inventou a balança hidrostática, um dos mais importantes inventos do período.

Além disso, Galileu fez diversos experimentos com bolas em superfícies inclinadas. Mais tarde, e de maneira mais acentuada, Isaac Newton (1642-1727) resolveu estudar o mesmo dilema, o que resultou naquela que hoje é conhecida como *Primeira Lei de Newton*, a da inércia, que basicamente determina que um corpo tende a permanecer em repouso ou em movimento retilíneo uniforme se nenhuma força agir sobre ele. Posteriormente, Galileu foi considerado o *pai da física matemática*, por causa do uso de cálculos para estudar e avaliar o movimento. Essa postura foi adotada também nos séculos seguintes (XVII e XVIII), retomando-se o uso da matemática em problemas da física.

Como já vimos na Seção 2.3, quando versamos sobre Copérnico, a teoria heliocêntrica (ou heliostática) deste último inicialmente não teve grande alcance nem foi duramente contestada. Porém, quando adotada por Galileu, a situação social e a conformação religiosa eram outras, com a Reforma Protestante já instalada e a Contrarreforma da Igreja Católica Romana se estruturando para confrontar aquelas posições que condenava como heresias, inclusive com a retomada da Inquisição.

As inovações estudadas e propostas por Galileu o tornaram um dos pilares da Revolução Científica e das evoluções por que passou a ciência no período; por outro lado, as histórias sobre sua capitulação diante do inquérito da Inquisição são conhecidas por muitos, ainda hoje, e usadas como exemplo de que o homem pode ceder de suas ideias para sobreviver; também são usadas para tratar de questões éticas, ou melhor, deontológicas: Devemos insistir cientificamente numa ideia que, por fim, contenha a possibilidade de nos destruir? Devemos perseverar na defesa de uma verdade, se não podemos garantir que estaremos vivos para desfrutar de seu reconhecimento ou dos frutos advindos dela?

Até as artes já trataram dessa questão moral vivida por Galileu e, em sua peça teatral sobre a vida do cientista, Bertold Brecht (1898-1956) mostra o dilema por que Galileu passava, apresentando-o, acima de tudo, como um homem, não um herói, que afirma: "Eu te digo, aquele que não conhece a verdade é simplesmente um ignorante, mas aquele que a conhece e diz que é mentira, este é um criminoso". A culpa de Galileu ao desistir de suas convicções prefigurava, assim, o pecado original da ciência moderna. Também a frase, muito citada e pouco entendida, "infeliz o povo que necessita de heróis", consta dessa peça, no sentido de que o povo que não necessitasse de heróis se transformaria em salvador de si mesmo, sem figuras simbólicas ou superiores aos outros em seu seio (Brecht, 1999).

Dentro da Revolução Científica da qual tratamos, Galileu representa um dos papéis principais. Após se tornar professor de

Matemática na Universidade de Pisa, em 1588, foi gradativamente abandonando sua filiação aos defensores da concepção aristotélico-ptolomaica do sistema solar e passando a defender a proposta de Copérnico. Após ele, Johannes Kepler formulou suas leis, as quais foram muito importantes para a realização de Newton, a Lei da Gravitação Universal.

Uma pequena relação de descobertas de Galileu pode clarificar a importância desse matemático, físico, astrônomo, naturalista e escritor para sua época, nas inovações e mudanças de paradigma que estabeleceu:

- Abordou cientificamente o movimento pendular e o movimento uniformemente acelerado. Com relação ao primeiro, baseou suas observações numa visão inicial: o período – tempo de uma oscilação completa do pêndulo – era constante, não dependia da amplitude – distância percorrida da posição de descanso até o limite do movimento. Quanto ao segundo, publicou uma obra chamada *De motu accelerato*, em 1604, descrevendo-o como um movimento em que a velocidade de um corpo aumenta uniformemente com o tempo.
- Enunciou a lei dos corpos em queda livre, que afirma, contra o senso comum, que os corpos em queda livre têm aceleração igual, não importando seu peso. Até Galileu, imaginava-se que os corpos mais pesados cairiam com maior velocidade. Para formular essa lei, o cientista usou o método da experimentação, e é famosa a cena em que ele soltava bolas de diferentes materiais da Torre de Pisa. Além disso, ele demonstrou experimentalmente que os objetos leves eram apenas retardados em seu movimento pela resistência do ar.
- Em seu estudo dos corpos em movimento, de que derivou, em todo o ramo da física que os engloba, a dinâmica, elaborou o

princípio da inércia e o conceito de referencial inercial. Quanto à inércia, verificou que os corpos tendem a permanecer em repouso ou a seguir em movimento retilíneo, se sobre eles não agir uma força externa. A ideia de inércia, embora já tivesse sido proposta por vários outros estudiosos, foi por ele verificada experimentalmente; além disso, Galileu introduziu o conceito de *atrito*, fundamental para validar a inércia. Já quanto ao referencial inercial, ele negou a possibilidade de determinar, sem uma referência externa que sirva de comparação, se um objeto está em movimento ou não. Essa ideia de referencial inercial permitiu, por exemplo, que Einstein propusesse sua concepção de espaço-tempo deformável, sempre partindo da posição de observadores externos, ou seja, referenciais inerciais similares aos que Galileu propôs. Os conceitos de inércia e referencial são também considerados precursores de toda a mecânica de Newton.

Também na prática das ciências, Galileu foi bastante pródigo em inovações, projetando e fabricando instrumentos que foram posteriormente incorporados às ciências. Entre suas contribuições que envolvem instrumentos que facilitaram as ciências estão as seguintes:

- Relógios de pêndulo.
- Balança hidrostática, baseada no princípio de Arquimedes, para analisar metais com base em seu peso. Essa balança permite determinar a densidade relativa dos componentes de minerais, possibilitando a identificação dos componentes sem destruição do material.
- Uso da luneta apontada para o céu e desenvolvimento do instrumento que combina lentes côncavas e convexas, o qual ficou conhecido como *telescópio*. Essa adaptação aumentou muito a precisão do aparelho, o que permitiu a descoberta das luas de

Júpiter e dos montes e crateras na superfície lunar. Com base nessas observações telescópicas, o cientista descreveu a Via Láctea e observou manchas solares, escurecendo as lentes. Dessa forma, contribuiu para o desenvolvimento da astronomia por instrumentos, baseada não apenas nas observações a olho.

- Termômetro baseado no princípio da balança hidrostática e que faz uso da força de empuxo do líquido, que varia com a temperatura.

Após perceber a utilidade da luneta para a astronomia, Galileu concentrou algum tempo na observação do céu. No entanto, suas observações não permitiram naquele momento a comprovação das teses de Copérnico, as quais, como dissemos, foram verificadas muito mais tarde, em 1838, quando comprovou-se a paralaxe das estrelas. Mesmo assim, Galileu empreendeu uma campanha em favor do modelo copernicano, com sua obra *Sidereus nuncius*, de 1610. Em resposta a essa publicação, desenvolveu-se um primeiro processo, sigiloso, contra o cientista, levado a efeito pelo mesmo cardeal que processara Giordano Bruno, em 1600, em Roma. O cardeal Belarmino o intimou a interromper definitivamente a campanha em favor do heliocentrismo. Contrapondo-se a esse movimento, em 1623 Galileu publicou *Il saggiatori* (*O ensaiador*), obra na qual defende uma nova epistemologia para a ciência, com afirmações como a que segue:

> A filosofia encontra-se escrita neste grande livro que continuamente se abre perante nossos olhos (isto é, o universo), que não se pode compreender antes de entender a língua e conhecer os caracteres com os quais está escrito[3]. Ele está escrito em língua matemática, os caracteres

---

3   Base de toda a filosofia naturalista da Renascença.

são triângulos, circunferências e outras figuras geométricas, sem cujos meios é impossível entender humanamente as palavras; sem eles nós vagamos perdidos dentro de um obscuro labirinto. (Galilei, 1999, p. 130, nota do tradutor)

Nem sequer a instauração desse processo secreto impediu Galileu de publicar esse livro e de continuar a propagandear o sistema de Copérnico e uma nova maneira de compreender a ciência em geral, pelo método matemático e experimental. Alguns anos depois, o cientista entendeu que o cenário em Roma lhe era mais favorável, pois o cardeal Belarmino havia morrido e o papa era um amigo seu, o florentino Maffeo Barberini, com o nome de Urbano VIII. Galileu achou que estava em tempo de levar à Cúria Romana suas descobertas e o sistema que defendia ser validado. Em 1632, publicou a principal obra para explicar o confronto: *Dialogo sopra i due massimi sistemi del mondo* (*Diálogos em torno dos dois máximos sistemas do mundo*), em que confronta os sistemas aristotélico-ptolomaico e copernicano. O resultado foi a instauração de um novo processo, este público, pela Inquisição. Nesse processo, foi humilhado, obrigado a renunciar ao copernicianismo e até mesmo denunciar quem o defendesse. Em 1633, ocorreu seu julgamento. Conta-se que, na ocasião, ao ter de renegar sua teoria a respeito do movimento da Terra, teria afirmado em voz baixa: *Eppur si muove!* (Ainda assim, se move!). Esse é um símbolo da ciência que resiste ao ser pressionada.

Depois disso, só em 1638, obrigado a cumprir prisão domiciliar perto de Pisa, ele publicou na Holanda uma nova obra, *Discorsi e dimostrazioni matematiche intorno a due nuove scienze attenenti alla mecanica e i movimenti locali* (*Discursos e demonstrações matemáticas acerca de duas novas ciências a respeito da mecânica e dos movimentos locais*), na qual discorre mais longamente sobre suas descobertas a respeito de temas como movimento, trajetória dos projéteis, queda dos corpos e lei da inércia. Essa opção permitiu que ele utilizasse o modelo matemático para expressar suas teorias físicas seguindo o molde da Grécia Antiga.

O texto a seguir é um comentário à posição de Galileu perante a ciência e as interferências externas a ela. A leitura desse excerto permitirá que você, leitor, perceba as concepções galileanas sobre os âmbitos do conhecimento.

A águia e os estorninhos

Galileu e a autonomia da ciência

A ideia de que a ciência é livre de valores pode ser considerada como um valor das práticas e das instituições científicas com três componentes: *imparcialidade*, *neutralidade* e *autonomia*. A *imparcialidade* baseia-se na distinção entre os critérios para a avaliação epistêmica de teorias científicas e os valores e crenças sociais, culturais, religiosos, metafísicos e morais. A *neutralidade* afirma primeiro (*neutralidade cognitiva*) que não se podem extrair de teorias científicas conclusões no domínio dos valores; e segundo (*neutralidade aplicada*) que, no contexto de aplicação, uma teoria bem estabelecida serve, em princípio, aos interesses de todas as perspectivas de valores mais ou menos de igual modo. A *autonomia* refere-se à carência (ou ausência) de um papel legítimo para os fatores *de fora* (*externos*) (tal como valores sociais, crenças religiosas e ideológicas e o "testemunho de autores") para as práticas internas da metodologia científica, não só com relação à escolha de teorias, mas também com relação à determinação das abordagens de pesquisa. A autonomia acarreta, portanto, que as práticas científicas devem ser conduzidas livres de qualquer interferência *de fora* (*externa*) e, nas versões contemporâneas, ao mesmo tempo, que elas devem ser patrocinadas com os recursos necessários pelas várias instituições públicas e particulares tal que os cientistas possam continuar – de qualquer modo que considerem apropriado – em seu objetivo de obter e confirmar o entendimento de fenômenos do mundo, em conformidade com a *imparcialidade* e a *neutralidade*. *De fora* ou *externa* significa "não apropriada, em vista dos objetivos positivos da ciência"; entretanto, tal caracterização permanece uma tautologia vazia enquanto não forem especificadas as influências *apropriadas* sob a forma de princípios. As listas de interferências externas que devem ser evitadas incluem tipicamente itens tais como as opiniões religiosas políticas ou ideológicas, populares ou apressadas (Galilei, 1928-1938, V, p. 320); as visões valorativas e seus pressupostos e certas visões metafísicas. Esta lista certamente evoca velhos conflitos. Não se teria talvez deixado de incluir certos itens simplesmente porque eles foram os aliados da ciência em seus conflitos? A metafísica materialista ou as visões matematizadas do mundo apresentam-se como possíveis candidatos, assim como os interesses que são favorecidos pelas aplicações do conhecimento científico. [...]

Galileu não considerou a *autonomia* da ciência em toda sua generalidade. Sua meta era conseguir que a investigação científica fosse livre da interferência específica da Igreja católica exercida por meio de sua autoridade no ensino, de seu sistema legal de condenações e punições, pela coerção violenta ou pela ameaça de violência e por inúmeras outras formas de tormento. Mais especificamente, Galileu visava que as disciplinas científicas matemáticas se autonomizassem do controle da teologia escolástica e, positivamente, pretendia conquistar para os cientistas o direito de investigar, de fazer novas descobertas com liberdade de interpretação e de avaliação dos resultados, sem estarem obrigados às autoridades religiosas;

e o direito de ensinar e defender suas conclusões científicas sem a restrição de ter que esperar pelas interpretações escriturais ou outras doutrinas que caíam sob a autoridade reivindicada pela Igreja. Galileu ressentia-se profundamente com a interferência constante no seu empreendimento científico (tanto das autoridades religiosas como daquelas acadêmicas que, sentindo-se confortáveis em épocas repressivas, preferiam fazer acusações ao invés de engajar-se seriamente em controvérsias científicas), não só porque seus oponentes não admirassem sua notável capacidade e extraordinária contribuição científicas, mas também porque ele os desprezava e ridicularizava enquanto integrantes de escolas que sacrificam a liberdade da pesquisa com a submissão ao princípio de autoridade. É esse o sentido da passagem de *O ensaiador* em que Galileu move a seguinte crítica ao padre jesuíta Orazio Grassi, que se disfarçava sob o pseudônimo de Sarsi:

> *Talvez acredite Sarsi que bons filósofos se encontrem em quadras inteiras e dentro de cada recinto dos muros? Eu, Senhor Sarsi, acredito que voem como as águias e não como os estorninhos. É bem verdade que aquelas, porque são raras, pouco se veem e menos ainda se ouvem, e estes, que voam em bando, enchendo o céu de estridos e de rumores, aonde quer que pousem, emporcalham o mundo (Galilei, 1928-1938, VI, p. 236-237).*

[...]

Fonte: Mariconda; Lacey, 2001, p. 51-52, grifo do original.

Galileu morreu em 1642, cego por usar demasiadamente seu telescópio, condenado ainda por suas descobertas perante a igreja. Muito tardiamente, mais de três séculos após sua morte, no ano de 1983, a Igreja Católica reviu seu processo da Inquisição e o absolveu.

2.6 Johannes Kepler

Johannes Kepler foi o último assistente de Tycho Brahe, eminente astrônomo dinamarquês. Brahe era um dos chamados *cientistas novos*, o qual, percebendo o valor da obra *Mysterium cosmographicum*, publicada por Kepler em 1600, convidou o alemão a ser seu discípulo. Trabalhando em sua companhia, Kepler teve acesso às novidades científicas que estavam surgindo, como o abandono da tradição aristotélico-ptolomaica da astronomia e a adoção ao sistema copernicano. Foi o primeiro cientista a propor explicações físicas para os movimentos e fenômenos celestes. Seu trabalho resultou no que ficou conhecido como *Leis de Kepler*, três leis sobre o movimento planetário.

Convencido de que Deus deveria ter arquitetado seu Universo com base na geometria, Kepler fundamentou-se em seus conhecimentos matemáticos para fazer suas suposições.

Inicialmente, em sua obra, propôs um sistema baseado nos sólidos geométricos tradicionais, que vinham desde Pitágoras; dentro deles, tentava encaixar as "esferas planetárias", mantendo como ideal que a distância entre elas permitisse refletir a escala exata das distâncias entre os planetas e o Sol.

Figura 2.2. – Sólidos utilizados por Kepler para compor sua esfera armilar[4]

Tetraedro   Cubo   Octaedro

Icosaedro   Dodecaedro

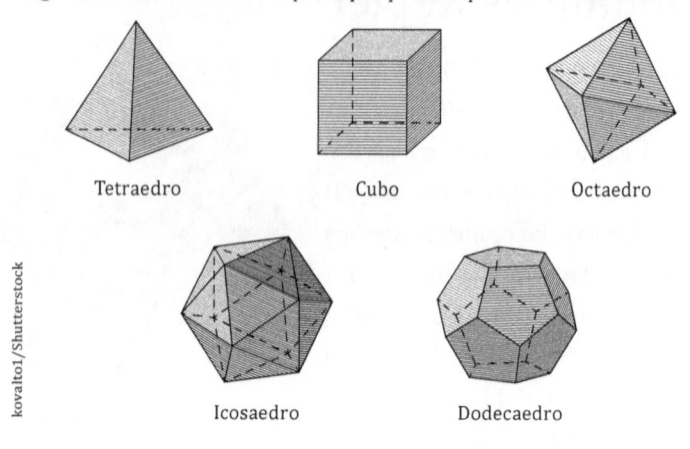

Figura 2.3. – Esfera armilar de Kepler

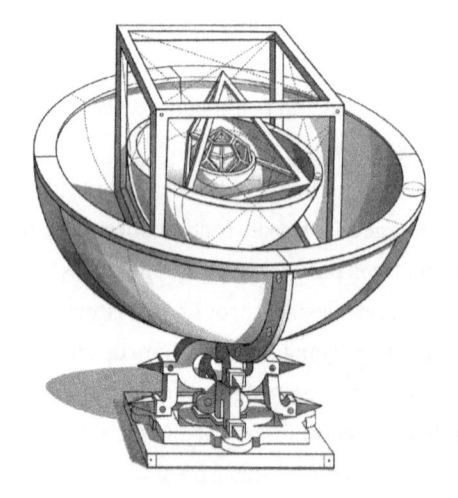

---

4   A esfera armilar era um modo de representação do sistema solar e de estrelas adotado pelos astrônomos antigos em seus modelos.

Kepler acreditava que a arquitetura divina deveria englobar todos os poliedros regulares dos pitagóricos: o tetraedro, o cubo, o octaedro, o dodecaedro e o icosaedro. Contudo, essa previsão de perfeição esbarrava ainda em alguns problemas: nem todos os planetas conhecidos na época se encaixavam nessa geometria, nem os círculos (ou esferas, nesse caso) refletiam o observado. Kepler, ao olhar para as órbitas planetárias, usando para isso os conceitos dos diferentes epiciclos e equantes vindos desde Ptolomeu, verificou que não podia haver algo no centro da órbita circular que motivasse o movimento ou fosse sua causa direta.

Como comentado anteriormente, em 1600, Kepler foi convidado a trabalhar para Tycho Brahe, o qual era astrônomo do imperador em Praga. Brahe fabricava seus próprios instrumentos de observação e foi um dos últimos a não se servir do telescópio para observar os astros. Mesmo assim, deixou anotações bastante detalhadas de suas investigações, com precisão de 1 minuto de arco, muito acuradas para sua época. Com a morte de Brahe em 1601, Kepler sucedeu o mestre em Praga, como astrônomo do imperador. Desse modo, teve acesso às anotações de Brahe e começou a construir com elas as **tábuas rudolfinas**, com observações bastante precisas das posições planetárias.

Kepler tentou utilizar, em seus estudos, um misto daquilo que conhecia sobre as concepções do sistema solar. Ele afirma, em seu livro: "Meu objetivo nesta presente obra é o de reformular a doutrina astronômica (especialmente para o movimento de Marte) em todas as suas três formas [ptolomaica, copernicana, brahiana], de modo que, por ela, possamos construir tabelas que correspondam às aparências celestes" (Kepler, 1937, p. 20, citado por Tossato, 2006).

A maior parte das observações de Brahe, as quais foram objeto de estudo para Kepler por vinte anos, era sobre o planeta Marte.

Kepler conseguiu, com elas, determinar a posição relativa da Terra e de Marte e, com isso, traçar a órbita da Terra. Essa órbita, para ele, se ajustava bem a um círculo excêntrico (em que o Sol ocuparia um ponto um pouco deslocado do centro). Todavia, ao calcular a órbita de Marte usando a mesma técnica, não conseguiu adaptá-la a um círculo sem um erro inaceitável em relação à precisão com que Brahe trabalhava. Lembremos que era consenso entre os astrônomos que a órbita de todos os astros devia ser circular, desde os gregos. Para eles, o círculo era a ideia da perfeição, pois todos os pontos eram equidistantes do centro, conclusão que levou facilmente a Igreja Católica a adotar essa posição, por refletir a sua ideia de criação divina. Por motivos claros, pensava-se que, quando a perfeição divina criou Universo, não poderia ter se desviado de sua própria perfeição em nenhuma hipótese e em nenhum momento. Como os estudos sempre levavam à conclusão de que os astros se moviam em torno uns dos outros, seja em volta do Sol, seja em volta da Terra, as órbitas deveriam sempre espelhar a perfeição em toda a criação. Dessa maneira, o esforço de adaptar as observações à ideia de perfeição divina chegaram a ser o motivo, por exemplo, da morte de cientistas que contestaram essa verdade propalada pela ciência da época. De outra mão, isso levou também à criação de conceitos cada vez mais elaborados e complexos, como é o caso dos epiciclos e equantes de Ptolomeu, que adaptavam as imperfeições vistas na realidade às necessidades de perfeição do cientista.

Foi nessa época que Kepler se tornou, ao contrário de seu mestre, um copernicano convicto. Nesse momento, Marte passou a ter a importância que apresenta ainda hoje na história da ciência. Kepler, de posse das observações de Brahe, conseguiu calcular uma órbita circular para Marte, mas não sem um erro de mais de 8 minutos de arco. Sabendo que os resultados que obtve não poderiam ser tão inexatos, foi gradualmente abandonando o formato circular para as órbitas. Testou primeiro com ovais, mas rapidamente passou a considerar a forma elíptica. Em seus testes, descobriu que também a órbita da Terra se adaptava melhor a uma elipse, e não ao seu círculo excêntrico. O processo para que ele chegasse à elipse foi prosseguir testando as chamadas *cônicas*, que são as curvas às quais se pode chegar por meio de seções de um cone, como pode ser visto na Figura 2.4. Testando o formato circular, parabólico, hiperbólico e finalmente o elíptico, ele chegou a resultados que atestavam a elipse como formato natural das órbitas dos planetas, com o Sol ocupando um dos focos da elipse. Então, ele projetou para as órbitas de Vênus, Terra, Júpiter e Saturno sua proposta de órbita elíptica e encontrou resultados satisfatórios para todas elas.

Figura 2.4 – Círculo e curvas cônicas testadas por Kepler

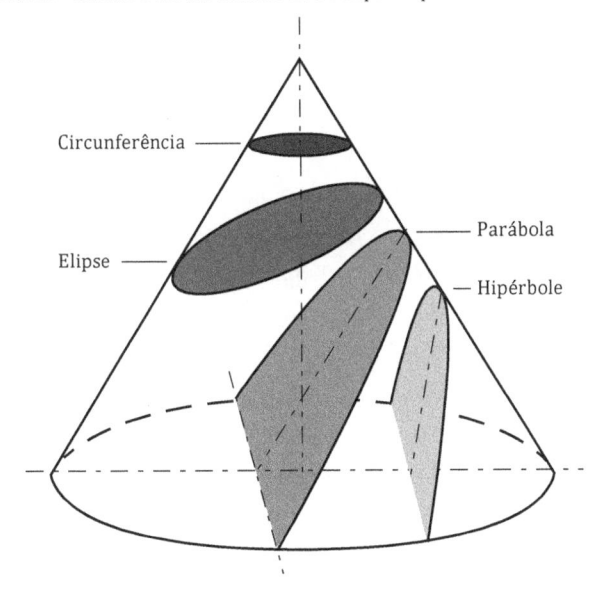

Ao relatar sua descoberta, é possível perceber certa surpresa na expressão do cientista:

> Podeis ver, leitor, que devemos começar por um outro caminho. Pois podeis perceber que as três posições excêntricas de Marte e o mesmo número de distância do Sol, quando a lei do círculo foi a elas aplicada, rejeitaram o afélio encontrado acima (com uma pequena invariabilidade). Nisso está a fonte de nossa suposição de que o caminho do planeta não é um círculo [...]. Portanto, a distância para qualquer lugar particular deve ser deduzida de nossas próprias observações, especialmente aquelas do afélio e do periélio. (Kepler, 1938, p. 275, citado por Tossato, 2006)

Dessa fase de seus estudos deriva o que ficou conhecido como *Primeira Lei de Kepler*, a qual pode ser assim enunciada: os planetas descrevem órbitas elípticas em torno do Sol, o qual ocupa um dos focos da elipse.

Posteriormente, Kepler verificou que a velocidade angular dos planetas em torno do Sol não era uniforme, como supunham seus antecessores, mas que ela apresentava uma curiosa harmonia: quando o planeta se aproximava do Sol, era mais rápido; quando se afastava, era mais lento. A harmonia desse sistema é dada pela regularidade, que foi notada por Kepler em sua segunda lei, também conhecida como *Lei das Áreas*, formulada em 1609: a velocidade com que os planetas percorrem suas órbitas não é uniforme, eles as percorrem de tal modo que uma linha imaginária traçada do centro do planeta ao Sol cobre áreas iguais em tempos iguais. Essa lei pode ser mais facilmente compreendida quando representada de maneira gráfica e matemática, como na Figura 2.5.

Figura 2.5 – Áreas iguais em tempos iguais

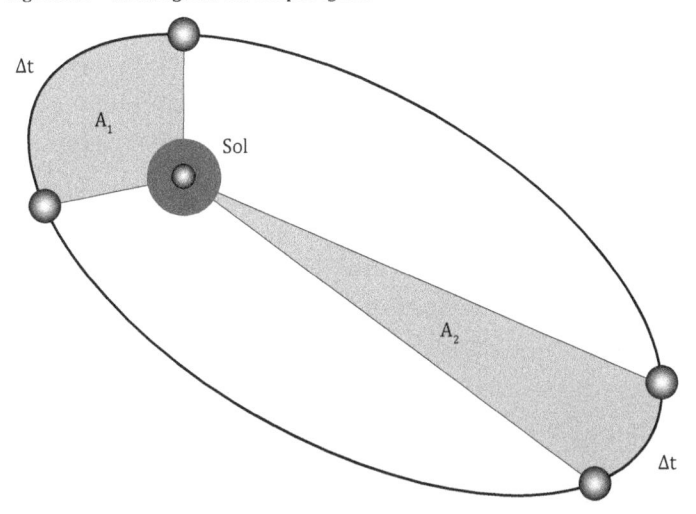

Ao perceber essa diferença de velocidades entre o afélio e o periélio[5] em todos os planetas, Kepler procurou estabelecer uma regra que unificasse o movimento de todos eles, e se dedicou a essa busca por muitos anos. É história conhecida que essa busca científica o fez suportar a doença e a pobreza, problemas que teve de enfrentar durante sua vida. Por fim, descobriu uma forma de relacionar o período (ou seja, o ano de cada planeta) à distância média que separa esse planeta do Sol.

Cabe ressaltar que essa lei estabelece uma harmonia complexa e bastante interessante: Os quadrados dos períodos dos planetas são proporcionais ao cubo de suas distâncias ao Sol. Isso reduz-se a uma fórmula matemática bastante simples:

---

5   Afélio é o ponto da órbita de um planeta em que este alcança a maior distância em relação ao Sol. Periélio, ao contrário, é o ponto mais próximo da órbita de um planeta e o Sol.

$$\frac{T^2}{D^3} = k$$

Nessa fórmula, *T* é o período, ou "ano" do planeta, *D* é o semieixo maior da órbita e *k* é a constante que se encontra ao realizar a divisão, a qual é a mesma para todos os planetas. Kepler publicou essa lei em 1619, em seu livro *Harmonices Mundi* (*Harmonia do mundo*), e seu âmbito foi posteriormente generalizado por Newton, que notou que ela vale para quaisquer corpos que orbitem em torno de outro.

Kepler foi vítima também de seu tempo. Nascido em uma família protestante (seu avô era luterano e prefeito da cidade) em uma cidade predominantemente católica, foi enviado ao seminário, por razões que vão desde sua constituição frágil até à pobreza da sua família. Trabalhou em escolas protestantes, mas o colégio onde lecionava foi fechado, pois o arquiduque da Áustria era, na época, um dos líderes da Contrarreforma. À sua volta ocorriam graves e fortes conflitos religiosos, como a Guerra dos Trinta Anos, iniciada em 1618 e que devastou a região onde ele vivia. Passou seus últimos anos entre a Áustria e a Alemanha, em locais em que permitiam sua presença sem conflitos de religião. Faleceu em 1630, na Alemanha, como matemático do imperador e do duque de Friedland.

2.7 Isaac Newton

Isaac Newton é uma personalidade fora dos padrões ditados pelo senso comum. Ele é um dos maiores cientistas de todas as épocas, e foi responsável pela maior evolução da matemática até aquele momento: o **cálculo diferencial e integral**. Ele também contribuiu para a evolução da física, com o estudo da gravitação universal. Além desses interesses, dedicava-se à alquimia com muito fervor. Uma curiosidade é que sua leitura da *Bíblia* era próxima à dos cabalistas; ele executava cálculos que visavam determinar quantos anos tinha o mundo, baseando-se no livro sagrado dos cristãos e nas genealogias ali citadas, marcando datas para o nascimento de Noé, de Adão e Eva etc. Na verdade, por ser uma época de verdadeira transição entre o espírito medieval e o nascente Iluminismo, pode-se dizer que o espírito da época de Newton era o que chamamos *barroco*, pois era composto de contradições e não tinha fronteiras bem estabelecidas entre religião e ciência, alquimia e química, ciência e magia.

Newton teve o privilégio de viver em um período em que as crenças e tradições da Idade Medieval estavam sendo mitigadas e, por vezes, substituídas por novas ideias. Ele fez parte do que se convencionou chamar *Revolução Científica*, que foi levada a cabo por cientistas de exímia capacidade intelectiva e que transformou a forma e a função do fazer científico; abria-se espaço ali para uma nova cosmovisão da sociedade que estava surgindo. Os objetivos dos cientistas e da ciência tornaram-se mais livres das influências místicas da Idade Medieval e das crenças emblemáticas da Igreja Católica Romana, ainda que estas mantivessem sua força como partes do conhecimento disseminado.

Nascido no Natal de 1642 (pelo calendário inglês de então, que ainda era juliano), mesmo ano em que Galileu faleceu, Isaac Newton tornou-se o seguidor natural do cientista italiano. Newton continuou o trabalho de Galileu no estudo dos movimentos; deu sequência aos estudos de Kepler sobre as órbitas e o sistema solar; e ainda ampliou os trabalhos de Descartes, que estava vivo e trabalhando, na evolução do método científico e da matemática. É possível afirmar, então, que Newton sintetiza todos esses movimentos da ciência e os faz tomar sentido, sendo um epígono da revolução.

    Educado por parentes maternos, os fidalgos da família Ayscough, que tinham certa ascendência social, Newton foi possivelmente o primeiro de toda a família de seu ramo a receber educação formal (à exceção de um tio clérigo). Seu pai falecera antes de o menino nascer, e este herdou dele primeiramente o nome, Isaac. Quando o menino tinha 3 anos, sua mãe aceitou casar-se com um clérigo da vizinhança, reitor de North Witham, que também havia ficado viúvo. Nesse casamento, Newton não foi acolhido com sua mãe, a qual o deixou com os avós Ayscough, em Woolsthorpe. A ausência dos pais em sua vida foi bastante sentida por ele, o que talvez o tenha influenciado a se manter solitário por seus 80 anos e a ter, segundo relatos, certa aversão a mulheres e ao casamento. Ele não estabeleceu, enquanto viveu nessa casa, nenhuma relação mais forte com nenhum parente, tendo ficado só a maior parte desse tempo. Quando o menino completou 10 anos, sua mãe voltou para a residência dos avós de Isaac, após a morte do segundo marido. O tempo de convivência entre mãe e filho foi curto: o menino foi mandado para o colégio em Grantham, em menos de dois anos. Foi nesse colégio que Newton entrou em contato com as ciências, o latim, as línguas clássicas e possivelmente a matemática e outros ramos do conhecimento. Como herdou do esposo de sua mãe uma biblioteca de teologia que continha mais de duzentos livros, possivelmente seus conhecimentos de teologia também se aprofundaram nessa época.

    Em Grantham, Newton ficou hospedado com um boticário, o senhor Clark, fato que facilitou seu contato com a ciência aplicada. Nessa época, ele até preferia a companhia das meninas e se divertia fazendo pequenos móveis para elas. Na escola, se destacava pela capacidade intelectual e também por criar casos, fosse de brigas com outros alunos, fosse por motivo da inveja que tinham de seu progresso. Portanto, era um rapaz isolado e autossuficiente. Na casa de Clark, ele inventou muitas coisas, mas principalmente se interessou pelos relógios de sol e calendários. Ele era capaz de prever solstícios e equinócios e fez a vizinhança aprender a consultar seus relógios de pêndulo e de sol.

Aos 17 anos, em 1659, voltou para a sua cidade com o objetivo de administrar a casa da mãe, porém não teve muito sucesso na empreitada. Apenas nove meses depois, a mãe foi convencida a deixá-lo voltar ao liceu, onde ele faria um período de preparação para ingressar na universidade. Ao terminar a preparação, o professor de Grantham reuniu seus alunos para homenagear Newton, com lágrimas na despedida. Ele foi para o Trinity College em Cambridge, admitido como aluno bolsista (*sizar*); para obter a bolsa, o aluno devia servir de empregado aos diretores, aos professores mais antigos ou aos alunos mais abastados. Sua mãe não apoiava sua vocação para o estudo e, por essa razão, mesmo sendo herdeiro, o financiamento de seus estudos não foi facilitado. Na faculdade, sua tendência ao isolamento e distanciamento apenas cresceram, já que ele não se adequava aos hábitos dos companheiros.

Conta-se que, no verão de 1662, Newton passou por uma crise religiosa. Foi nesse período que ele começou a fazer suas famosas listas de pecados: uma para os pecados cometidos até aquele momento, outra para os cometidos a partir dali. Usava para essas anotações um código de abreviaturas secreto e mantinha um padrão extremamente rígido consigo mesmo, punindo-se por cada um dos pecados registrados.

A par disso, conduzia seus estudos, entrando em contato com os estudos de Euclides de Alexandria, Renè Descartes, Johannes Kepler, Galileu Galilei. O currículo da faculdade era ainda totalmente aristotélico, defasado em relação à ciência nova e havia sido implantado mais de um século antes, mas Newton seguiu outra direção em sua formação. Já no primeiro ano na faculdade, estudou os *Elementos* de Euclides; a *Clavis,* de William Oughtred (1574-1660); a *Geometria,* de Descartes; e a *Óptica,* de Kepler. Depois de 1663, conheceu as obras de Galileu, do matemático e cientista Pierre de Fermat (1601-1665) e do matemático e astrônomo Christiaan Huygens (1629-1695), adeptos da ciência nova. A agitação filosófica em torno dos trabalhos de Descartes o aproximou da obra do filósofo, sobre a qual fez várias anotações, sob o título *Quaestiones quaedam philosophicae,* que partiam de observações a respeito das questões cartesianas. Nessas anotações, perpassam indagações a respeito da filosofia natural e do estudo das marés, certa perplexidade sobre o fenômeno do éter e um incipiente questionamento relativo à gravidade.

Ainda nessa época, também surgiu em Newton o interesse matemático. A cátedra de Matemática foi inaugurada em Cambridge em 1664 e alguns anos depois foi ocupada por ele. A vivência do filósofo com a disciplina, no entanto, não ocorreu pelo método clássico, com o qual parece não ter travado conhecimento, mas diretamente com o método moderno, de Descartes, Oughtred e John Wallis (1616-1703).

Em 1665, obteve a sua graduação. Após conceder a Newton o grau de bacharel, o Trinity College passou quase dois anos fechado por causa da peste negra, entre o fim de 1665 e 1667, e foi feita recomendação a todos que se retirassem para o interior. Newton voltou para sua casa e conseguiu trabalhar em uma sequência de descobertas impressionante. Em alguns meses, ele desenvolveu o teorema binomial, o cálculo diferencial e integral, a lei da gravitação universal e a natureza das cores. Sobre essa passagem pela casa dos avós, conta-se a famosa e provavelmente fantasiosa história da queda da maçã sobre sua cabeça, que o teria conduzido ao desenvolvimento da teoria da gravitação.

Nessa época de estudos autodidatas, Newton passou a estudar as áreas das ciências que se tornaram sua paixão: a matemática e a filosofia natural; por outro lado, estudou também as áreas de teologia e alquimia; nestas ele era defensor ferrenho da história da Criação e procurou estabelecer provas teológicas para as profecias de Daniel e do Apocalipse, tentando calcular com precisão as datas do Antigo Testamento. No ano de 1666, preparou três artigos sobre o movimento dos corpos, nos quais contestava a ideia de Galileu sobre a inércia.

Em 1667, Newton regressou a Cambridge, mudando de *status*, agora como professor, a cujo cargo ascenderia definitivamente em 1669. Em 1668, Newton aperfeiçoou o instrumento construído por Galileu, inventando o telescópio refletor. Os telescópios até então usavam apenas lentes: uma objetiva e uma ocular. Assim era a luneta de Galileu e por esse princípio seguiam as outras lunetas usadas. Newton imaginou que, usando um espelho parabólico ou esférico e outro plano, além de uma lente ocular, conseguiria abranger imagens maiores, com alcance e foco mais eficazes que as lunetas. Além de maior eficácia, esse telescópio abolia a chamada *aberração cromática*, causada pelo efeito de prisma que as lentes tinham, que separava as cores do feixe de luz e piorava as imagens.

Alguns anos depois, em 1672, Newton comunicou à universidade seu trabalho sobre telescópios e a teoria corpuscular da luz, que se mostrou controversa já nos primeiros debates. A polêmica travada com o reconhecido Robert Hooke (1635-1703), o descobridor da célula, então considerado um dos maiores conhecedores da teoria das cores, alongou-se por algum tempo, colocando outros cientistas contra Newton.

Paralelamente, Isaac Newton lecionou também matemática, sob influência de dois grandes professores de Cambridge, que solicitaram que ele trabalhasse em teorias que estavam surgindo. Durante essa década, o cientista entrou em forte debate com vários intelectuais da Europa, como Robert Hooke, Gottfried W. Leibniz (1646-1716), Henry Oldenburg (ca. 1619-1677) e outros. Essa polêmica durou anos e, somada ao interesse alquímico e teológico, praticamente isolou Newton da comunidade científica e o tornou novamente um pensador para si mesmo, recolhido e ausente.

A morte de sua mãe, em 1679, o levou a passar muito mais tempo na casa dela, em Woolsthorpe, do que havia passado nas décadas anteriores. Newton permaneceu ali pelo menos quatro meses. Também no fim dessa década ele tentou iniciar uma história da Igreja, concentrada na época dos Padres da Igreja (os séculos IV e V) e um livro, *Theologiae gentilis origines philosophicae* (*Origens filosóficas da igreja pagã*), no qual tentava explicar que os povos pagãos da Antiguidade cultuavam os mesmos doze deuses, que seriam Noé, seus filhos e netos, apenas com nomes diferentes e com fins próprios. Esse número de deuses era de certo modo cabalístico, pois viria dos sete planetas, dos quatro elementos e da Quintessência. E todas as provas dessa história relacionavam-se ao fato de Noé ter-se estabelecido no Egito, que seria o berço das religiões pagãs. Para isso, Newton reuniu provas de que essas religiões se constituíram no desvio da religião inicial, verdadeira. Então, nessas explicações, Newton enveredou por caminhos que beiraram à heresia, quando não chegaram, de fato, a ela. Ele iguala Moisés a outros depoimentos antigos, dessacraliza Cristo, colocando-o como mais um profeta entre outros, muito provavelmente sob influência ariana. Talvez para seu próprio bem, esse livro foi publicado somente 300 anos depois de ter sido escrito.

Ainda nessa fase, ele buscou muito os escritos alquímicos, copiando todos os que conseguiu alcançar, fazendo também anotações de experimentos, ao menos até sua saída de Cambridge, em 1687. Nesse mesmo ano, Newton publicou uma das obras mais importantes da história da ciência, *Philosophiae naturalis principia mathematica* (*Princípios matemáticos de filosofia natural*), em três volumes. É de se imaginar que ele os viesse escrevendo por muito tempo, e que apenas então, sob influência de Edmond Halley (1656-1742), que o visitou em Cambridge em 1684, decidiu publicá-los. Nos dois primeiros volumes, constavam sua teoria principal e as leis que propunha, incluindo a da gravitação universal e as leis dos movimentos, que atualmente são denominadas *Leis de Newton*. No terceiro volume, são apresentadas as leis que englobam o movimento dos corpos celestes, incluindo os cometas. Muito rapidamente, suas teorias foram aceitas e passaram a ser estudadas nas grandes universidades inglesas: em Cambridge, em 1699; e em Oxford, em 1704.

Na atualidade, as leis de Newton são de enunciado simples; mas, para sua época, poucos eram os eleitos que chegavam à profundidade de seu pensamento. A primeira lei enuncia a **inércia**, e diz: Um corpo tende a permanecer em repouso e um corpo em movimento tende a permanecer em movimento. A segunda lei é a lei do **princípio fundamental da dinâmica**: Quando se aplica a mesma força em corpos de massas diferentes, eles não recebem aceleração igual. A conclusão, de que a força é resultante da massa e da aceleração fornece a famosa equação da força:

$$F = m \cdot a$$

Nessa equação, a força resulta do produto da massa pela aceleração a ela aplicada. A terceira lei de Newton é o **princípio da ação e reação**, vista em casos de observação de choques elásticos entre corpos: As forças atuam em pares, para toda força de ação, existe uma força de reação. A mais importante delas é a **Lei da Gravitação Universal**, que pode ser enunciada da seguinte maneira: Duas partículas se atraem com força de intensidade diretamente proporcional ao produto de suas massas e inversamente proporcional ao quadrado da distância entre seus centros. Sua formulação matemática é bastante conhecida:

$$F = G \, \frac{m_1 \cdot m_2}{r^2}$$

Nessa equação, F é a força de gravidade, G é uma constante universal de gravitação, m_1 e m_2 são as massas dos corpos e r é a distância entre os centros dos corpos. Dessa forma, Newton conseguiu integrar os participantes da relação de gravitação, sem recorrer, como os filósofos anteriores, a entidades criadas, como o éter, que seria uma substância invisível e intangível, responsável por transmitir a força da gravidade entre os corpos; isso porque não se concebia que uma força fosse transmitida entre um corpo e outro sem que eles se tocassem ou que houvesse algo entre eles. A lei da gravitação eliminou a necessidade do éter como explicação para os fatos observados.

Relatar a contribuição de Newton para a história da ciência ou para a Revolução Científica do Renascimento é reconhecer que ele foi um dos maiores cientistas teóricos e práticos de todos os tempos, tendo contribuições essenciais nos campos da astronomia, da física, da matemática e da ótica. Ao analisar a própria obra e reconhecendo a grandeza dos precursores, ele disse: "Se vi mais longe foi por estar de pé sobre ombros de gigantes".

Foi nomeado *Sir*, cavaleiro da Coroa britânica, ainda em vida, em reconhecimento ao seu trabalho; foi membro da associação de ciências britânica, a Royal Society; assumiu a presidência da mesma associação; foi membro estrangeiro da Academia de Ciências Francesa; e participou do Parlamento do país. Após uma longa vida, de 85 anos, faleceu em 20 de março de 1727 (no calendário juliano, então utilizado na Inglaterra).

Questão para reflexão

Após a leitura deste capítulo, procure elencar as principais ideias de Copérnico, Vesalius, Galilei, Kepler e Newton.

capítulo três

Filosofias e ideias que influenciaram a ciência moderna

03

Além de grandes personagens que promoveram descobertas fundamentais para o desenvolvimento da ciência, os quais foram estudados no capítulo anterior, existiram algumas filosofias e ideias que consistiram em pensamentos e modos de raciocínio totalmente novos, bem como pressupostos que derrubaram afirmações que perduraram por séculos, algumas delas religiosas, defendidas pela Igreja Católica Romana. Neste capítulo, abordaremos esse importante aspecto no robustecimento da filosofia moderna.

3.1 O Renascimento

Chama-se *Renascimento* ou *Renascença* ao período de grande efervescência cultural, religiosa e social que se passou na Europa com a decadência do modelo social feudal, que predominou durante a

Idade Média. Esse período envolve grandes mudanças em vários setores da vida cultural, da vida cotidiana e também na organização de todas as instituições a elas concernentes. É costume estabelecer, em parâmetros temporais, como seu início o final da Idade Média, ocorrido por volta do século XIV, quando se deu a reorganização das cidades somada às consequências da peste negra e da grande fome, a diminuição da população e a retomada do comércio com fortalecimento do poder temporal dos reis; no campo religioso, o período foi marcado por embates entre a Reforma Protestante e a Contrarreforma Católica. O término do Renascimento é marcado pela chegada da Idade Moderna, no século XVI ou XVII, com as revoluções burguesas, a relativização do poder real, o Iluminismo cultural e científico e o distanciamento entre Igreja e Estado. Obviamente, por ser um movimento sociocultural, que se deu em um intervalo de tempo e em uma extensão de terra bastante grandes, o Renascimento ocorreu de maneiras plurais e diferenciadas, primeiro em um país, depois em outro, ressaltando elementos variados da cultura de cada um deles.

Como há vários estilos e vários pensamentos no Renascimento, vamos tratá-los por partes. Um dos aspectos que une a todos esses estilos, de modo geral, é a retomada da cultura greco-romana como base cultural para os objetos culturais. Todas as características posteriores, que podem ser vistas nas obras, têm relação com essa inicial retomada da visão antropocêntrica de mundo dos gregos.

Várias são as causas dessa mudança em toda a sociedade vivida na Renascença:

- o colapso do sistema feudal com a peste negra;
- a Guerra dos Cem Anos e revoltas populares como as Jaqueries, na França;

- o fortalecimento da monarquia devido à queda do poder da nobreza local;
- a necessidade de integração por moedas e a mobilidade territorial da população;
- o fortalecimento da burguesia liberal e a expansão do comércio; a nova ordem social marcada pela crise das corporações e a elevação da burguesia de iniciativa individual;
- a retomada dos objetos culturais greco-romanos;
- o desenvolvimento da imprensa por Gutemberg.

O conceito de *renascimento* como o conhecemos atualmente, principalmente o cultural, é tardio, dado por artistas e teóricos do final da época, o pintor Giorgio Vasari (1511-1574) e o arquiteto Leon Battista Alberti (1404-1472). Além de artistas reconhecidos por seus trabalhos, são creditados a eles os conceitos de *renascimento*, em referência à cultura grega, e de *homem universal*, no sentido de homem do mundo (parecido com o de *globalização*, disseminado na atualidade). Vasari escreveu *Le vite de' più eccellenti pittori, scultori e architettori* (cuja tradução brasileira recebeu o nome de *Vidas dos artistas*), em que inaugura a história da arte. Já Alberti é a referência para o pensamento renascentista, com seu tratado póstumo *De re aedificatoria* (*Sobre a arte de construir*), em que ressalta a importância da Antiguidade, tomando como exemplo o arquiteto Marcos Vitrúvio Polião (século I a. C.), com sua obra *De architectura*, revista criticamente. Vasari, no século XVI, foi o introdutor do termo *renascimento*. No entanto, foi com a visão de Jacob Burckhardt (1818-1897), em seu livro *A cultura do Renascimento na Itália*, publicado em 1860, que a acepção atual se forjou. Nesse livro, Vasari definiu aquele momento renascentista como uma época de redescoberta do mundo e do próprio gênero humano.

No Renascimento, houve uma retomada de todas as disciplinas antigas em geral, as quais haviam sido esquecidas. Buscava-se uma nova visão de mundo baseada nos ensinamentos dos antigos. Até mesmo línguas antigas foram retomadas como modelos de expressão, como o grego, o hebraico, o caldeu, o latim e diversas outras. Essa redescoberta das línguas originais do Antigo e do Novo Testamento foi fator preponderante para uma reformulação completa no entendimento dos escritos bíblicos, juntando-se ao desenvolvimento da prensa de tipos móveis de Gutemberg, o qual imprimiu a própria *Bíblia*, a famosa de 32 linhas e 4 colunas. Desse feito, o acesso ao texto bíblico em vernáculo e a leitura individual desligada da Igreja permitiram o surgimento, o desenvolvimento e a disseminação da Reforma Protestante.

No âmbito científico, o Renascimento foi o período em que mais se inventaram e se desenvolveram instrumentos inovadores – tecnologias revolucionárias, que possibilitaram a abertura do mundo para o cosmos e para a parte que permanecia desconhecida para os europeus, como a América e a Oceania. Desse modo, não apenas a visão científica, mas também o espaço do ser humano se ampliou, difundindo as descobertas em outras regiões do globo e também as usando como recursos de dominação sobre os povos estrangeiros. Os mapas se ampliavam ano a ano e os países afeitos à expansão marítima saíram à frente, tornando-se imperadores do mundo. A Inglaterra e a França, que já eram potências, lançaram-se ao mar; mas também Portugal e Espanha tornaram-se expansionistas e colonizadores nas novas terras. Foi um período sumamente importante para a humanidade – de desenvolvimento contínuo e de dominação e postura colonialista sobre os outros povos.

As mudanças levadas a cabo naquele tempo foram manifestas em várias áreas da vida humana: na cultura, na sociedade, na economia, na política, na religião, na transição do sistema feudal para o sistema capitalista e na ruptura com as estruturas medievais. Entretanto, esse movimento intelectual é mais habitualmente associado aos enormes efeitos nas artes, na filosofia e, principalmente, nas ciências.

Os principais fatos e mudanças ocorridos durante esse momento histórico podem ser listados como segue:

- O humanismo como direção preferencial da filosofia.
- A autonomia da arte, derivada da mudança nas corporações de ofício.
- A equiparação profissional do artista ao cientista, ao filósofo e ao professor, deixando de ser artesão.
- A fidelidade à natureza e não à autoridade do sábio antigo.
- O conceito de gênio como indivíduo em destaque, exemplificado por Leonardo da Vinci (1452-1519), Rafael Sanzio (1483-1520) e Michelangelo Buonarotti (1475-1564).
- A Reforma Protestante, como libertação em relação à interpretação dos textos bíblicos e às teses da Igreja.
- A tomada da América, que representa a expansão territorial e de visão do mundo medieval.
- O desenvolvimento da prensa de tipos móveis e a consequente expansão da imprensa, com o advento dos jornais e livros mais baratos.

Todos esses fatores proporcionaram uma expansão também na cosmovisão do homem, em direção a um pensamento que passou a apresentar como valores certas características que depois seriam associadas à burguesia. São elas:

- O **humanismo**, filosofia central da época, que consiste em valorizar o humano em relação ao divino, baseando no homem seus conceitos e opiniões, resumido no princípio *homo* *mensura* – o homem é a medida de todas as coisas –, retomado de Protágoras (490 a. C.-415 a.C.).

- O **neoplatonismo**, visto como um contraponto ao aristotelismo medieval da escolástica. Essa retomada de Platão foi um dos motores da mudança no pensamento medieval.
- O **naturalismo**, centrado na observação fiel do que ocorre na realidade e no experimentalismo empírico. A evidência empírica se sobrepõe ao dito da autoridade.
- O **racionalismo**, que trata o raciocínio como operação mental complexa, que pode ser descrita pelo discurso de maneira lógica. Nesse aspecto, determina a troca da fé, que é a crença sem questionamento, pelo raciocínio questionador. Essa característica foi bastante desenvolvida pelos cientistas dessa época e depois levada adiante na Idade Moderna, no Século das Luzes (Iluminismo).
- O **hedonismo**, que prega que a vida deve ser vivida pelo prazer individual e que este é o supremo bem, em contraposição à receita de sofrimento e arrependimento da Idade Média.
- O **otimismo**, que proporciona uma abertura ao pensamento inovador como sinônimo de *progresso* e *evolução*, em contraposição à crença no fim dos tempos e ao caos que dominou na época da peste negra.
- O **individualismo**, centro da filosofia burguesa, que advém da reorganização das cidades em nova estrutura social, com a afirmação do indivíduo, com sua liberdade perante a sociedade e o Estado. Essa característica contrapõe o próprio ser humano medieval, que se via como parte de uma sociedade, indiviso; como diz Burckhardt (2009, p. 111), "como membro de uma raça, povo, partido, família ou corporação".

3.1.1 Renascimento na Itália

A chamada *Baixa Idade Média* (entre os séculos XI e XIV) foi uma época em que a Europa viu o ressurgimento e a revalorização das cidades, à diferença do que ocorria anteriormente. As causas dessa situação foram várias: a peste negra, que se espalhou rapidamente e em poucos anos, a partir de 1347, arrasou a Europa, matando quase um terço dos habitantes da região; as Cruzadas (entre os séculos XI e XIII), que aproximaram novamente o Oriente do Ocidente, como fontes de produtos de um local ao outro, incrementando o comércio e criando uma verdadeira rota entre a Europa e a Ásia; as revoltas populares no campo, que propiciaram a volta às cidades, agora reavivadas e fortalecidas com portos, estradas e novas rotas de viagem.

Houve o surgimento de várias cidades e seu rápido crescimento demográfico ao fim da Idade Média, principalmente a partir do século XII e preferencialmente em regiões que, por serem próximas ao mar e terem certa tradição marítima e comercial, se beneficiaram da demanda de buscar além-mar os produtos que eram necessários à população. Foram particularmente beneficiadas, pela ascendência que tinham no mar, as regiões da Itália e de Flandres (hoje, parte do norte da Bélgica e sul da Holanda), que polarizaram o comércio de variados produtos.

A Itália dominou no Mediterrâneo, ao sul, o comércio de especiarias, tapetes, sedas, veludo, marfim, porcelanas, essências e corantes com o Oriente e a África; por sua vez, Flandres reinou sobre o Mar Báltico e o Mar do Norte, no comércio de madeiras, ferro, estanho, mel, peles e peixe. A par disso, o domínio comercial sobre Flandres ainda foi um dos motivos principais da Guerra dos Cem Anos, disputada entre Inglaterra e França, região produtora de lã e tecidos finos. Nessa fase, principiaram também as grandes feiras internacionais de comércio, que disseminaram os produtos por toda a Europa, além de os fazerem conhecidos como produtos de origem determinada, como vinhos, queijos e lãs.

A Itália foi, portanto, um centro importantíssimo de desenvolvimento, principalmente por sua organização urbana: com vários centros de poder espalhados pela península. Cada cidade maior era centro de um reino e cada reino tinha o propósito de prevalecer sobre os outros. Havia portos em muitos desses reinos, de onde partiam navios para o Oriente, principalmente.

O Renascimento cultural teve como berço a Itália por todas essas causas culturais que citamos e por um conjunto de fatores conjunturais que a favoreceram. Nascido na região da Toscana, inicialmente nas cidades de Florença e Siena, o movimento cultural tomou toda a Península Itálica, de onde se espalhou para a Europa Ocidental. O Renascimento italiano foi, como afirma Burckhardt (2009, p. 144), "o primogênito de entre os filhos da Europa moderna", sendo que Francesco Petrarca (1304-1374), o poeta italiano considerado inventor do soneto, seria um dos primeiros homens verdadeiramente modernos. Esse teórico vê a construção do movimento como uma proposta para a evolução do homem, uma esperança na ciência e no progresso que deve ser eterna. Burckhardt (2009, p. 145) afirma, comparando o período do Renascimento com a Idade Média:

> *Na Idade Média, ambas as faces da consciência – aquela voltada para o mundo exterior e a outra, para o interior do próprio homem – jaziam, sonhando ou em estado de semivigília, como que envoltas por um véu comum. De fé, de uma prevenção infantil e de ilusão tecera-se esse véu, através do qual se viam o mundo e a história com uma coloração extraordinária; o homem reconhecia-se a si próprio apenas como raça, povo, partido, corporação, família ou sob qualquer outra das demais formas do coletivo. Na Itália, pela primeira vez, tal véu dispersa-se ao vento; desperta ali uma contemplação e um tratamento "objetivo" do Estado e de*

todas as coisas deste mundo. Paralelamente a isso, no entanto, ergue-se também, na plenitude de seus poderes, o subjetivo: o homem torna-se indivíduo espiritual e se reconhece enquanto tal.

Giorgio Vasari dividiu a renovação das artes em três fases – *Trecento*, *Quattrocento* e *Cinquecento*, divididas mais ou menos pelos séculos que as compõem. Na primeira, destacam-se os trabalhos de Giotto de Bondoni (1267-1337), com o desenvolvimento da perspectiva na pintura. Na segunda, Leonardo da Vinci é o expoente, tendo desenvolvido ao máximo o espírito inovador da época. Na última fase, Michelangelo Beionarroti se sobressai com os afrescos da Capela Sistina. Cada uma dessas fases, respectivamente, representa o nascimento, a maturidade e decadência do modo de conceber o mundo que se contrapõe ao medieval, na visão de Vasari.

O *Quattrocento* foi a época em que a cultura renascentista atingiu seu auge em todas as artes e também no pensamento e desenvolvimento científico e tecnológico. Por isso, costuma-se indentificá-la como *Alta Renascença*, era em que viveu a maior parte dos grandes artistas e pensadores de todas as épocas, ao fim do século XV e início do XVI. Nessa época viveram:

- os pensadores humanistas Marsélio Ficino (1433-1499), Rodolphus Agrícola (1444-1485), Erasmo de Roterdã (1466-1536), Giovanni Pico della Mirandola (1463-1494) e Thomas More (1478-1535);
- o historiador Leonardo Bruni (1370-1444);
- filósofos como Luca Pacioli (1445-1517), János Vitéz (1408-1472), Nicolas Chuquet (1445-1488), Johannes Regiomontanus (1436-1476), Nicolau de Cusa (1401-1464), Georg von Peuerbach (1423-1461);
- o primeiro impressor, Johannes Gutenberg (1398-1468);
- os pintores Leonardo da Vinci, Rafael Sanzio e Michelangelo;

- o músico Giovanni Pierlugi da Palestrina (1525-1594);
- o filósofo social Nicolau Maquiavel (1469-1527).

Ao lado desses grandes artistas e pensadores, também ascendeu na Itália o novo modelo de produção artística renascentista: o mecenato. Se antes os artistas só tinham como destino as oficinas de corporações, nesse momento eles passaram a ser financiados por nobres e burgueses endinheirados para produzir, ou seja, do artesanato progrediram para a profissão de artista como uma instituição. A família Médici, de origem bancária, que governou Florença por muito tempo e elegeu até papas (Giovanni di Lorenzo de Médici foi Leão X; Giulio di Giuliano de Médici foi Clemente VII; Giovanni Angelo de Médici foi Pio IV; Alessandro Otaviano de Médici foi Leão XI) foi uma família bastante dedicada ao mecenato, financiando artistas como Fra Angelico (1387-1455), Donatello (1386-1466) e Michelangelo. Foi essa família, pelo grão-duque Cosme I de Médici, que construiu a famosa Galleria degli Uffizi e adquiriu as obras que são ainda hoje o núcleo da coleção.

O Renascimento representou uma libertação do mundo ocidental no que se refere a certas práticas observadas na Idade Média. Todavia, há vários autores que questionam a validade da visão de Burckhardt, um apologista do Renascimento, perguntando se suas ideias não foram influenciadas por pensadores da época como Alberti e Vasari, que constituiriam a base de seu pensamento sobre a época. No entanto, no nosso entendimento, basta-nos verificar a quantidade de invenções, mudanças de cosmovisão e inovações científicas, artísticas e tecnológicas ocorridas nessa época para constatar que ela representou um avanço sem paralelo na história da humanidade.

3.2 O humanismo

Um dos mais importantes desdobramentos do Renascimento foi o que se conhece hoje como *humanismo*, que tem por elementos basilares vários conceitos integrados: neoplatonismo, antropocentrismo, hedonismo, racionalismo, otimismo e individualismo. O humanismo assevera a dignidade do ser humano e o torna o investigante por excelência da natureza. Do ponto de vista do Renascimento, isso abrangeu a revalorização da cultura clássica antiga e de sua filosofia, com uma compreensão veementemente antropocêntrica e racionalista do cosmos. O ser humano passou a ter o seu raciocínio lógico e sua ciência como árbitros da vida.

Mas o que seria o humanismo? Apenas um corpo filosófico? De maneira nenhuma. Muito embora ele também o seja, trata-se de um método de aprendizado que se utiliza da razão individual e da evidência baseada na experiência para chegar às suas hipóteses, teses e conclusões, paralelamente à reflexão dos textos originais. Esse foi um método completamente diferente e divergente da escolástica medieval, a qual estava totalmente circunscrita à discussão dos debates entre os autores e os críticos.

O humanismo havia chegado para ser uma corrente de pensamento e conduta que ensinava o emprego de um discernimento crítico muito mais elevado e uma atenção maior às necessidades e misérias humanas. Isso foi totalmente oposto ao teocentrismo católico da Idade Média, que impingia uma vigilância irrestrita e incondicional aos assuntos meramente divinos e, portanto, um senso crítico bem baixo. Esse senso crítico mais acurado instituído pelo humanismo fez o ser humano analisar com muito mais atenção os fenômenos naturais, em vez de simplesmente renegá-los à explicação da Igreja Católica.

Destarte, os resultados trazidos à tona pelo humanismo foram:

- Nova ênfase na forma de pensar, impregnando no ser humano um pensamento bem mais crítico.
- Maior valorização do ser humano.
- Novos mecanismos utilizados pela ciência.
- Enfraquecimento das influências místicas ocorridas na Idade Média.
- Ampla confiabilidade conquistada pelas demonstrações empíricas.

A invenção da imprensa por Johannes Gutenberg também permitiu que o conhecimento humano recebesse um assombroso impulso de propagação ao ser difundido por todos os lugares da época. A competência de se reproduzir livros com precisão e divulgá-los por vários lugares foi essencial para a Revolução Científica, pois minimizou enormemente as possibilidades de releituras e comentários equivocados dos escritos. De modo semelhante, a Reforma Protestante se valeu ilimitadamente da imprensa, ao copiar grandes quantidades da Bíblia em línguas nacionais de diferentes povos. A Igreja Católica mantinha os textos bíblicos em língua latina; assim, forma mística com que ela publicava o conhecimento perdeu ainda mais espaço após a Reforma Protestante.

Os reformadores Martinho Lutero (1483-1546), João Calvino (1509-1564), Ulrico Zuínglio (1484-1531) e outros eram totalmente favoráveis à ideia de se ler a *Bíblia* nas línguas nacionais e confiavam que os descobrimentos científicos eram inteiramente válidos para contemplar a existência e a essência de Deus. Os protestantes, ao se engajarem em prol da Revolução Científica, acreditavam que seria possível, no futuro, apreciar a existência de Deus mediante descobertas da ciência. Por essa razão, o desenvolvimento científico foi incentivado pelos protestantes.

3.3 O racionalismo e o método cartesiano

A concepção racionalista, compreendida filosoficamente, é aquela em que se concede à razão humana (e seus componentes: a lógica, a dedução, a indução, a abdução, a analogia) a capacidade de chegar ao conhecimento sobre um objeto ou uma realidade qualquer. Assim, para o racionalista, é a razão humana a única capaz de organizar o pensamento e as ações em busca da compreensão da realidade.

Dessa maneira, compreende o racionalismo que o **sujeito cognoscitivo** (aquele que tem a capacidade de conhecer) é o único capaz de usar a razão para compreender algo. Para os racionalistas, a emoção, embora muitas vezes competindo com a razão nas ações humanas, é prejudicial à ação do conhecimento. Outras atitudes também podem exercer a mesma influência negativa sobre o intelecto humano, tais como:

- a ilusão do senso comum e a opinião individual, porque não são equivalentes ao conhecimento;
- as emoções, os sentimentos e as paixões, porque turvam a razão;
- a fé, por ser oposta ao conhecimento;
- os transes místicos, por não se conformarem à razão;
- o dogmatismo, por estabelecer crenças em regras imutáveis;
- o anacronismo, por fazer julgar outras épocas conforme a compreensão então vigente.

Desde o século IV a.C., período em que viveu Aristóteles, até o século XIX, quando passou a ser questionada, a lógica aristotélica foi estudada, comentada e até criticada sem, no entanto, ser retirada de seu patamar de morada última da razão humana. Portanto, as leis da lógica regulavam a aproximação científica a determinado objeto. Seus princípios gerais são basicamente três, os quais foram posteriormente acrescentados de outros, referentes às causas suficientes para determinada realidade:

1. **Princípio da identidade**: "A é A", ou seja, o objeto tem uma natureza imutável, só ele é ele, e mesmo e em contraposição a qualquer outro, o objeto se manterá sendo igual a si mesmo.
2. **Princípio da não contradição**: Duas proposições contrárias não podem ser verdadeiras ao mesmo tempo. Um enunciado e sua negação não podem ser verdade.
3. **Princípio do terceiro excluído**: Uma proposição ou é verdadeira, ou seu contrário é verdadeiro, pois não há possibilidade de supor-se uma terceira proposição nesse caso.

É essa razão, portanto, submetida às regras do pensamento lógico e dedutivo, que submete todo o pensamento que chamamos *racionalista*, o qual, por sua vez, desemboca no mais completo método científico já elaborado até então. Esse método é tão completo para sua época (meados do século XVII) que não havia até aquele momento algo para disciplinar o pensamento científico que fosse similar ao que foi proposto por René Descartes (1596-1650).

O racionalismo não era novidade na época de Descartes, já que vinha se desenvolvendo desde Aristóteles. Contudo, foi com o seu método de investigação científica que se chegou ao modelo moderno de ciência. Os estudiosos atribuem a Descartes o título de *fundador da filosofia moderna*. A inquietação implantada pelo filósofo diz respeito à maneira com que o sujeito pode alcançar o conhecimento verdadeiro e seguro do objeto. Ele escreveu várias obras, mas seu *Discurso do método* tem um significado singular para o mundo daquela época. Ali, o autor faz uma avaliação metódica e crítica sobre seu tempo e a forma de pensar vigente. A importância dessa obra está no fato de ela ter inaugurado uma nova epistemologia e de ter uma nova perspectiva para compreender a realidade.

A filosofia oficial na época em que Descartes formulou seu método era, ainda, a escolástica, a mesma da Idade Média, baseada em São Tomás e seus seguidores. Era ainda a mesma ensinada nas universidades ligadas à tradição católica, atingindo até mesmo o Poder Público e o dia a dia dos cidadãos. Curiosamente, esse pensamento permeava até mesmo os países que aderiram ao protestantismo e ainda reinava praticamente em toda a Europa, com alguns elementos buscados em Aristóteles, porém sempre o derivando para aplicação aos textos sagrados, numa tentativa de organizar racionalmente o humano na perspectiva da fé, usando para isso elementos conceituais peripatéticos.

A *escolástica* é uma filosofia que se apresenta nas escolas – daí seu nome – e se dá por meio de sumas e comentários: nestes, procura-se explicar os textos sagrados, em análises abalizadas pela tradição; ao passo que naquelas tenta-se organizar o conteúdo pelas questões tratadas, de maneira mais direta. A metodologia é, então, no máximo sintética, ou seja, repete o que diz o texto sagrado e todas as deduções são retiradas dele, abalizadas por textos de autoridade e acordes à tradição. O resultado não pode ser diferente: não há pesquisa ou análise científica do texto; parte-se de conclusões sempre definitivas. De outra parte, as deduções são bastante sutis e revelam cuidado e preparo do autor para chegar a elas. As posições derivadas da fé e as da razão são equivalentes, pois nos diz Tomás de Aquino que fé e razão provêm de Deus e não podem se opor mutuamente. Como a razão humana não pode pretender ser a razão absoluta, a fé tem o dever de controlá-la. Desse modo, não se abandonam as conquistas do intelecto, apenas as limitam ao argumento da autoridade, segundo Tomás de Aquino, o mais fraco de todos, superior à evidência racional.

É aí que está a novidade de Descartes em relação à polêmica entre fé e razão: não é que ele substitua "a evidência da autoridade pela autoridade da evidência" (Liard, citado por Galvão, 2001, p. X); o caso é que Descartes inaugura esse tempo de separação entre a fé e a ciência, em que as reflexões são independentes e não subordinadas.

Por outra parte, impõe-se também ao pensamento cartesiano uma herança da Renascença, o qual é de ruptura em certa perspectiva. É certo que o Renascimento fez surgir um pensamento que retomava a Antiguidade em várias vertentes esquecidas: Platão, Plotino, estoicismo, epicurismo, cepticismo, hermetismo, Cabala judaica. Nesse sentido, pode-se supor certa continuidade, pois Descartes tinha o mesmo gosto pelo pensamento independente. Dessa herança vêm alguns de seus questionamentos a Aristóteles, ao método escolástico e à ideia de universo infinito. Entretanto, pelo fato de ser epígono dessa época, Descartes se ressente também do ceticismo que já se colocava em relação ao divórcio ente ciência e religião. Assim, sua crença própria é de que não pode haver saber que nasça fora da ciência, nem uma ciência que se mostre sem certeza.

No decorrer dos séculos XV e XVI, muitas descobertas científicas contrariavam o saber escolástico, com Galileu, Copérnico e Newton, dos quais já tratamos. Houve um movimento, em toda a Europa, de fundação de academias de cientistas e também de cientistas individuais realizando pesquisas em diversas áreas, englobando desde eletricidade à hidrostática, do magnetismo à gravidade. Descartes foi discípulo, então, de vários mestres da ciência renascentista, mas acima de tudo, como diz Galvão (2001, p. XV): "Nisso Descartes sábio foi fiel à sua vocação: sua vocação de filósofo, da qual encontraremos no *Discurso do método*, se não a expressão perfeita, pelo menos uma das mais notáveis manifestações".

Descartes temia que a Inquisição tomasse partido contra sua obra, e já havia desistido de publicar, como lhe fora pedido, o seu primeiro escrito, *O mundo ou tratado da luz*, escrito entre 1929 e 1933, por receio da repercussão, já que Galileu acabara de ser condenado e seu livro havia sido queimado em praça pública em Roma. O próprio autor confessa, em carta ao padre Mersenne, que lhe havia pedido o livro para publicação: "Mas, como não queria, por nada neste mundo, que saísse de mim um discurso em que se encontrasse qualquer palavra que fosse desaprovada pela Igreja, achei melhor suprimi-lo do que publicá-lo estropiado" (Descartes, citado por Galvão, 2001, p. XVII).

Por essa razão, o primeiro livro publicado por Descartes foi *Discurso do método* (1637), tido como inaugurador da ciência moderna para muitos críticos. Ali, o método cartesiano para a ciência foi explanado. Ele foi publicado apenas depois que o autor já havia granjeado certo renome entre os pesquisadores na França, por meio de estudos anteriores, como *O mundo ou tratado da luz* (concluído em 1633) e *Regras para a direção do espírito* (iniciado em 1628), ambos não publicados por causa da Inquisição.

A primeira publicação do autor revelou uma parte de seu método de trabalho com a ciência, mas sem representar em momento algum uma desistência em relação às suas crenças e à sua fé. O conteúdo da obra é, contrariamente ao que diz o título, mais uma explanação de sua vida e trabalho do que de seu método; a obra traz uma narrativa da carreira do autor e, em seguida, um esboço de doutrina. Aliás, apenas algumas páginas, de entendimento complexo, são dedicadas ao método propriamente dito. O autor avisa ao leitor: "[...] meu propósito não é ensinar aqui o método que cada um deve seguir para bem conduzir sua razão, mas somente mostrar de que modo procurei conduzir a minha" (Descartes, 2001, p. 7). Ele intitula e publica os textos como *Ensaios deste método*, ou seja, o que se pode considerar a aplicação prática de seus princípios doutrinários. São um ensaio sobre dióptrica (comportamento das lentes), outro sobre meteoros e um terceiro sobre geometria.

Como compreender, então, o método científico desse homem, proposto em um livro um tanto filosófico, outro biográfico e ainda outro com viés doutrinário? Devemos buscar entender como chegou até nós, por meio de tantas leituras e tantos comentadores que já o apreciaram. A intenção do autor é de se posicionar diante das especificidades de seu tempo, o qual impunha uma análise sobre a crise vivida no limite entre a ciência e a religião. E Descartes inaugurou uma nova era, em que a fórmula principal é a dissociação entre os dois âmbitos. Ele ainda demonstra compartilhar com seus precursores, como foram Galileu e Copérnico, a preocupação de conciliar sua ciência, que se mostrava evidente diante de si, submetida a seu crivo científico e, portanto, comprovada, com sua crença religiosa, que não sairia de seu espírito. Esse processo foi lento, não ocorreu como mudança rápida, mas como transição. Seu caminho seguiu no sentido de construir um conhecimento que fosse seguro, provável por evidências vistas, sem confrontar a fé.

Uma primeira maneira pela qual demonstrou seu processo de conhecimento foi a narrativa autobiográfica, em primeira pessoa, contando o método como se fosse a história de sua própria vida. A segunda estratégia foi usar a fórmula doutrinária, quase aforística, em frases que soam como ditados populares, conselhos de amigos:

> *Pois não basta ter o espírito bom, mas o principal é aplicá-lo bem. As maiores almas são capazes dos maiores vícios, assim como das maiores virtudes; e aqueles que só caminham muito lentamente podem avançar muito mais, se sempre seguirem o caminho certo, do que aqueles que correm e dele se afastam.* (Descartes, 2001, p. 5)

Essas formas adotadas são universalmente válidas e assumem parte do texto do filósofo. Elas são parte de seu pensamento, pois refletem a crença de que cada homem é dotado de razão; sendo assim, todos são capazes de chegar ao conhecimento, bastando para tanto utilizar o método correto para percorrer o caminho entre a ignorância e o saber. Descartes estabeleceu aí o **sujeito cognoscitivo** como um dos fundamentos de sua episteme, e este, antes de confrontar o objeto de sua análise, deve primeiro saber-se como sujeito de conhecimento, modificando o foco tradicional no objeto a ser estudado para o sujeito ativo do conhecimento. Nessa perspectiva, é necessário sempre partir das dúvidas iniciais sobre quem é o sujeito, até onde pode chegar e quais são suas limitações, além de sempre questionar se é possível sair de uma postura cética, descrente, e atingir o conhecimento da verdade sobre seu objeto.

Deixando para outro campo do pensamento a preocupação com a fundamentação teológica de seu texto, Descartes confiou na possibilidade fundante da razão como probabilidade de conhecimento e abandonou completamente a possibilidade de qualquer conhecimento garantido e seguro com base no elemento sensível do ser humano. Assumindo uma postura neoplatônica, ele propôs uma diferenciação entre duas substâncias formadoras do ser humano, que ele denominou *res cogitans* e *res extensa*, como eram para Platão a ideia e o objeto propriamente dito. Esses conceitos foram fundamentais para que ele conseguisse separar os âmbitos: há duas substâncias (*res*) finitas (relativas ao homem) e uma infinita (Deus). O homem é de substância dupla, uma substância que pensa (*res cogitans*) e também uma substância material, corpórea (*res extensa*). Daí, deriva a célebre frase, bastante reconhecida, do método: "*cogito, ergo sum*". Se o homem é capaz de pensar (duvidar, questionar), ele existe, ou seja, daí decorre que o pensamento é uma realidade por si mesmo, distinto da matéria da qual ele é constituído.

Esses dois primeiros conceitos de Descartes compõem seu método, o **dualismo cartesiano** é a diferenciação entre as duas substâncias, daí decorre o **idealismo**, outro conceito importante do método – a separação entre sujeito e objeto, com a percepção do primeiro sendo intermediada pelo pensamento, isto é, a ideia que ele forma a respeito do segundo.

Dessas conceituações iniciais, filosóficas, vêm os preceitos do método cartesiano, assim descritos pelo autor:

O primeiro era de nunca aceitar coisa alguma como verdadeira sem que a conhecesse evidentemente como tal; ou seja, evitar cuidadosamente a precipitação e a prevenção, e não incluir em meus juízos nada além daquilo que se apresentasse tão clara e distintamente a meu espírito, que eu não tivesse nenhuma ocasião de pô-lo em dúvida.

O segundo, dividir cada uma das dificuldades que examinasse em tantas parcelas quantas fosse possível e necessário para melhor resolvê-las.

O terceiro, conduzir por ordem meus pensamentos, começando pelos objetos mais simples e mais fáceis de conhecer, para subir pouco a pouco, como por degraus, até o conhecimento dos mais compostos; e supondo certa ordem mesmo entre aqueles que não se precedem naturalmente uns aos outros.

E, o último, fazer em tudo enumerações tão completas, e revisões tão gerais, que eu tivesse certeza de nada omitir. (Descartes, 2001, p. 23)

Segundo o filósofo, portanto, são estes os passos que o sujeito do conhecimento deve seguir ao aproximar-se de um objeto com preocupações científicas:

- evidência, atitude de dúvida, questionadora, de não aceitação;
- divisão do objeto em suas partes;
- ordem dos pensamentos;
- relações completas, considerando todos os elementos e revisando-os.

A atitude qualificada como *cética* nesse procedimento é fruto da interpretação do primeiro preceito, de não aceitar algo sem evidências. Todavia, seu ceticismo é positivo, no sentido de se buscarem as provas para a realidade observada. É após esse questionamento que vem o reconhecimento da realidade indubitável sobre a qual se constrói o conhecimento. Este é seu argumento ontológico: se o único método possível para atingir o conhecimento é a dúvida metódica, esse ato de duvidar é anterior, prévio e menos perfeito que o de conhecer. Decorre disso que a ideia de perfeição só seria possível se fundado em algo mais perfeito, acima de nós e da realidade, cuja ideia é dada por Deus. Esse percurso recolocou o pensamento dos neoplatônicos no de Descartes. Se aqueles tiraram da ideia platônica a alma, Descartes resolveu sua dicotomia entre ciência e religião pelo conceito de **perfeição e pensamento**. Para ele, Deus é o caminho para que as coisas tenham existência fora do pensamento humano, o que representou sua crítica última à escolástica: enquanto esta acreditava ser possível chegar a Deus mediante o sensível, os sentidos e suas experiências, para Descartes, Deus persiste como perfeição inatingível, mas possível, e o caminho em direção a ele se dá pelo conhecimento.

3.4 O empirismo

Ainda na Idade Média, no século XIII, havia surgido na Inglaterra um pensamento diverso sobre a ciência, menos preocupado com o sujeito do conhecimento e mais voltado ao objeto – o empirismo, por vezes também chamado *experimentalismo*.

O empirismo tem como primeiro formulador o frei franciscano Roger Bacon (1214-1294), mas foi depois, com Francis Bacon (1561-1626), que o experimentalismo atingiu seu auge, com a publicação, em 1620, de seu livro *Novum organum* (*Novo instrumento*). Esse título, baseado no *Organon*, de Aristóteles, indica que o autor pretendia propor um novo modelo completo para as ciências, pois não concordava com a obra do filósofo grego. Com Descartes, Francis Bacon é colocado no posto de um dos fundadores da ciência moderna. Por terem vivido mais ou menos na mesma época, sendo Bacon um pouco anterior, podemos creditar aos dois a diferença até hoje notada entre o empirismo inglês, insular, e o racionalismo idealista francês, continental.

Enquanto o racionalismo tem como autoridade basilar a razão, no empirismo apregoa-se que, na ciência, toda proeminência na busca do conhecimento deve ser empírica, ou seja, deve estar acoplada à manifestação verificada pelos sentidos. Seu desenvolvimento teve grande importância para as ciências sociais e humanas, designando até os métodos de pesquisa que são realizados por meio da observação e da experiência.

Francis Bacon é o expoente dessa escola filosófica que tem em seu bojo o método experimental em contraposição ao método cartesiano. Nesse confronto entre os dois métodos é que se inaugura a ciência moderna. A oposição se manifesta na opção pela indução em contraposição à dedução cartesiana. Em Descartes, há o sujeito pensante (*cogito, res cogitans*), que se direciona ao objeto;

no experimentalismo baconiano, o objeto é centro e deve ser testado e retestado para daí se extrair uma verdade experimental, não teórica como a de Descartes.

A oposição ao cartesianismo foi dada pela imputação de racionalismo em excesso, ou seja, baseou o método apenas nas deduções intelectuais do cientista, o sujeito de observação. Como contraponto, Bacon apresentou um método indutivo, contrário àquele modelo sustentado apenas na ação da proposição de hipóteses ou especulações por parte do sujeito. O método indutivo se apoiaria, então, na indução, ou seja, da realidade observada se parte para as generalizações; da observação dos fatos se parte para sua consolidação.

Descartes e Bacon tinham a mesma preocupação: a de formatar um método isento de equívocos e que levasse o ser humano ao verdadeiro conhecimento. Porém, Bacon tem sido considerado por alguns estudiosos como o fundador do pensamento moderno por excelência. Por quê? Porque, de forma categórica, ele inscreveu o método experimental como o alicerce da ciência em contraposição à ciência contemplativa e especulativa ou puramente racional. Ele foi a primeira expressão do empirismo, fundamentando toda sua metodologia no indutivo, e não no dedutivo. Bacon se afastou da ideia humanista, que tomava o homem como microcosmo, a qual fora criada, elaborada e empregada no período renascentista até René Descartes. O homem não é, para ele, uma repetição em miniatura de tudo que se passa no Uninverso. Para Bacon, não há como preservar a ideia cartesiana, não seria mais a razão a base neutra que aplanaria todo o conhecimento do gênero humano.

Bacon atuou no governo inglês como deputado (na Câmara dos Comuns, em 1584) e em vários cargos, como Lorde Conselheiro, Lorde Guardião e Lorde Chanceler, porém foi processado por corrupção e teve de abandonar os cargos públicos. Ele acreditava ser necessária uma revolução integral nos sistemas da ciência e da lógica, com reorganização geral, num vasto plano que chegou a propor para ser posto em prática, o qual, porém, não foi levado a efeito por ser realmente grandioso e por depender de outras pessoas para tanto. Ele a intitulou *Instauratio magna* (*Grande Restauração*), publicada em 1620, a qual teria seis etapas:

1. Classificação das ciências.
2. Novo método ou Manifestações sobre a interpretação da natureza.
3. Fenômenos do universo ou História natural e experimental para a fundamentação da filosofia.
4. Escala do entendimento ou O fio do labirinto.
5. Introdução ou Antecipações à filosofia segunda.
6. Filosofia segunda ou Ciência nova.

Nessas etapas, toda a ciência estaria reorganizada segundo as necessidades da época. Bacon chegou a realizar a primeira dessas etapas, que se encontra nos *Nove livros sobre a dignificação e progressos da ciência*, em que ele procurou introduzir uma nova divisão das ciências, não ligada aos antigos escolásticos.

Para Bacon (Fiker, 1996), o método que ele propunha para a humanidade se libertar da superstição, dos preconceitos e das ilusões era a filosofia moderna. Seus preceitos para essa filosofia podem ser sintetizados no seguintes fundamentos básicos:

- **Método indutivo**: Espécie de contraveneno ao modelo especulativo, que afastaria o ser humano do verdadeiro conhecimento.
- **Pensamento crítico**: Forma de livrar cabalmente o ser humano de determinados preconceitos existentes e da autoridade que o impediria de avançar.

Em Bacon, o elemento balizador é a experiência coligada à técnica, tornando o conhecimento científico de controle público e progressivo.

Em suma, poderíamos asseverar com toda a convicção que as consequências e os efeitos causados pela chamada *Revolução Científica* foram incontáveis. Tais consequências advindas desse período transformaram significativamente a história humana:

- Ficou provado que a Terra é que girava em torno do Sol, e não o contrário, como se acreditava até então.
- A física elucidou múltiplos comportamentos da natureza.
- A matemática delineou e descreveu novas verdades.
- O humanismo tornou os pensamentos mais críticos.

Não é necessário relacionar aqui todas as consequências das filosofias da época para o grande desenvolvimento da ciência que se seguiria. O que cabe sustentar, com certeza, é que todos os grandes desenvolvimentos que surgiram posteriormente não teriam sido possíveis sem a reestruturação científica, a qual foi embasada nessas correntes filosóficas. Como acontece com toda e qualquer revolução, em qualquer esfera da sociedade, esta não ocorreu de modo isolado ou por agentes, motivos ou pretextos *ad intra*, mas foi decorrência sobretudo de uma nova sociedade completamente imbuída de novas ideias.

Questão para reflexão

Componha uma análise filosófico-teológica do Renascimento, do humanismo, do racionalismo (método cartesiano) e do empirismo.

capítulo quatro

Embates entre ciência e religião

04

Existem vários modos de refletir como se dá o relacionamento entre religião e ciência. A história da civilização humana mostra que as visões sobre as naturezas das duas áreas variam com o passar do tempo, conforme percepções filosóficas e conjunturas políticas, sociais e econômicas. Historicamente, a ciência tem tido uma relação intrincada com a religião, especialmente o cristianismo, que dominou a Europa durante a Idade Média e a Moderna. Bastante interessante é o fato de que doutrinas religiosas por diversas vezes influenciaram o desenvolvimento científico, do mesmo modo que o oposto também é verdadeiro. A visão do ser humano acerca dos deuses tem influência sobre seu entendimento relativo à natureza e vice-versa, já que o ser humano é um ser integral.

Ocorre, entre os estudiosos dessa relação, até um questionamento filosófico-histórico sobre o alcance desse confronto, já que a análise histórica mostra certas realidades bastante desafiadoras.

Harrison (2007, p. 2) afirma que historiadores da ciência têm expressado dúvidas sobre seu próprio objeto de estudo, pois, para eles, "a ciência, como a disciplina é correntemente entendida, emergiu somente durante o século XIX. Antes disto, estudantes da natureza se consideravam na busca de uma 'filosofia da natureza' ou uma 'história natural' – disciplinas com uma orientação um tanto diferente daquelas da ciência do século XXI". Por outro lado, logo adiante ele também admite: "Suscetibilidades históricas semelhantes são evidentes na esfera das Ciências da Religião, nas quais um número crescente de estudiosos sugere que a ideia de 'religião', assim como a de 'ciência', é um desenvolvimento moderno. Afirma-se que 'religião' e o plural 'religiões' não começaram a ter seus significados atuais até o século XVII" (Harrison, 2007, p. 2). Se assim é, como imaginar um confronto entre os dois campos antes de Cristo, ou entre os filósofos gregos e a religião da cidade?

O fato é que o problema, tal qual o colocamos na contemporaneidade, é uma preocupação vinda dessas construções históricas recentes, e o embate que propalamos é um questionamento moderno, antes de tudo.

4.1 Formas de relação entre ciência e religião

Na história da humanidade, ocorreram variadas formas de relação entre religião e ciência. Ao observarmos as épocas históricas, percebemos fases em que há um domínio aparente de um ou outro campo, fazendo nascer oposições, restrições mútuas e também proibições, até que se estabelecesse um novo patamar em que o equilíbrio pudesse ser alcançado. Isso ocorreu durante a Idade Média e o Renascimento, que foi suplantado e modificado no Século das Luzes. Atualmente, certa parcela da humanidade se deixa dominar inteiramente por um campo ou outro, e também há os que buscam um equilíbrio possível. Embora a separação entre Estado laico e Igreja tenha acontecido já há séculos, alguns ainda tentam reavivar o tempo em que uma área dominava a outra. A ciência já libertou o método científico e a si própria de ter de pedir permissão a clérigos para empreender seus estudos ou ser divulgada.

Existem diferentes posturas assumidas quando se dá o confronto entre esses dois campos do saber humano. Essas reações são tratadas por Augustus Nicodemus Lopes (2015), que explica as cinco maneiras de se abordar o problema, no que o teólogo chama de *modelos de interação*.

Ciência e religião: modelos de interação

[...]
1. Conflito
O conflito ocorre, portanto, quando a ciência descobre uma explicação para aquilo que era antes atribuído a uma ação direta de Deus. Fica parecendo que a responsabilidade de Deus [...] fica diminuída mais e mais à medida que a ciência passa a explicar o sobrenatural e o misterioso. [...]
O conflito entre ciência e Cristianismo pode também provocar uma reação do lado de cristãos, que tomam uma atitude anti-intelectual. Aqui a ciência é vista como uma alternativa inferior, incompatível com o Cristianismo, pois rejeita as ações de Deus e as considera como irrelevantes.

2. **Adaptação**

[...] o Cristianismo tradicional é redefinido para se encaixar melhor nas mudanças no conhecimento científico. [...] O problema com esta abordagem é que parte aprioristicamente da tese que a razão determina a realidade. Assim sendo, os elementos transcendentes do Cristianismo são reduzidos [...] a mitos e lendas piedosos, visto que não se encaixam na visão de mundo adotada pelo racionalismo.

3. **A "Nova Síntese"**

Este modelo defende uma transformação radical tanto da ciência quanto da teologia, possibilitando uma síntese entre ambos. [...] Esta combinação de pseudociência duvidosa e de uma heterodoxia pseudoteológica é um modelo inadequado para quem deseja levar tanto a ciência quanto o Cristianismo a sério.

4. **Compartimentalismo**

[...] ciência e Cristianismo estão tratando de dois campos completamente distintos. Eles nos dão diferentes informações sobre coisas diferentes e não há campo comum entre eles. [...] E já que não têm nada em comum, um conflito entre eles é totalmente impossível. Esta perspectiva se inspira no dualismo kantiano que jogou a fé para o andar de cima, para longe do alcance da análise racional. [...]

5. **Complementarismo**

[...] as diferentes percepções da ciência e do Cristianismo se aplicam ao mesmo mundo e frequentemente aos mesmos eventos. A Natureza é vista como a revelação geral de Deus e a Bíblia como a revelação especial. [...] Estas descrições diferentes se complementam e proporcionam uma percepção mais profunda do mundo.

Fonte: Lopes, 2015, grifo do original.

Quando se analisa cada religião em separado, ou mesmo seitas ou facções, verifica-se internamente uma variedade enorme de posições teológicas, proposições analíticas e formulações prescritivas entre os crentes. Isso ocorre devido às interpretações díspares que os religiosos fazem dos textos que eles mesmos consideram sagrados, causados e inspirados por seus deuses. Normalmente, as religiões que possuem textos garantem que eles são revelações diretas de seu(s) deus(es) ao ser humano. Há, assim, uma multiplicidade enorme de proposições teológicas dentro de cada grupo religioso. Os debates teológicos tecidos desde o início do cristianismo a respeito da pessoa de Cristo e da Trindade são exemplos clássicos do que estamos argumentando. As discussões travadas nos concílios do início da era cristã, a respeito das heresias, confirmam essa variedade de interpretações em uma religião que se constituiu ao longo da história. Uma gama de dogmas acompanha a abundância de formas com que vemos os assuntos que abarcam os deuses e o ser humano.

Da mesma maneira, ao se observar a ciência, há variação de conceitos – e diferentes epistemologias, algumas delas até mesmo antagônicas. Há várias e diversificadas concepções sobre como o conhecimento científico é gerado e até sobre a natureza e a autoridade da própria ciência. Basta verificar que uma parte dos cientistas encara o fazer científico como o meio para se aproximar da verdade absoluta, como se isso fosse, de fato, possível ao ser humano. Diversamente, há outros que compreendem a ciência como limitada e restrita aos entraves do raciocínio e da experiência humana. Nesse debate, alguns consideram aceitável constatar e verificar algo; outros advogam que é admissível tão somente extinguir algumas possibilidades.

Ainda, há alguns cientistas e filósofos que defendem várias ideias díspares:

- As próprias percepções do homem, medições e sensibilidades aos fatos *ad extra*, podem ser muito limitadas. Se isso for verdade, qualquer percepção da realidade quanto ao derredor não é infalível, tampouco, portanto, confiável.
- A grande porção de possibilidades e pressupostos da mente humana não esgota todas as variáveis do problema.
- As formas de o ser humano refletir também não questionam o problema em sua totalidade.
- Existem alguns ensaios restritos pelas pressuposições limitadas que o próprio sujeito tem sobre a natureza.

Dessa maneira, evidencia-se que é possível formular uma gama variada de entendimentos epistemológicos tanto dentro da ciência como da religião. Por fim, cabe afirmar que ambos os campos são construtos humanos, os quais vão mudando, se desenvolvendo, se amoldando com o passar do tempo e de acordo com as diferenças das mais variadas civilizações. O homem não é sempre o mesmo, evolui e descobre coisas novas. Assim também seus construtos, sejam científicos, morais, sociais ou religiosos, mantêm sua característica humana de evoluir.

4.2 A concepção de ciência positivista e religiosa de Comte

Augusto Comte (1798-1857) foi um sociólogo do século XIX que se dizia ateu. Ele tinha como meta estabelecer uma nova "ciência da sociedade" mediante a filosofia que ficou conhecida como *positivismo*. Ele pretendia executar uma ascendência coletiva unindo as forças que governavam a sociedade – ou seja, os banqueiros e os capitalistas em geral – ao ambiente de cientistas positivistas, com o objetivo precípuo de que a autoridade da ciência suprimisse o domínio do clero e da nobreza. A aspiração principal de Comte era estabelecer um tipo de religião na qual o amor pela humanidade seria a natureza suprema, isto é, ele apregoava uma espécie de **altruísmo**.

De acordo com a filosofia positivista, a ciência é algo inteiramente exato, pois é sistematicamente alicerçada no método científico. O raciocínio positivista é de que a ciência parte de experimentos e observações empíricos, alcançando, dessa maneira, de forma gradual e progressiva, o pleno conhecimento dos princípios comuns e superiores. Para Comte, o raciocínio positivista alcança também os fatos. O exemplo utilizado por ele foi o modelo da gravitação de Isaac Newton.

Comte defendia ainda que todo o conhecimento humano individual, em todos os diversos ramos do saber, passa sempre por três etapas: 1) religiosa; 2) filosófica; e 3) científica. Partindo dessa premissa, ele presumiu que teria havido também três épocas históricas na humanidade:

1. No **período religioso**, o homem sempre entendia os fenômenos apelando para o sagrado, ou seja, a causas meramente sobrenaturais.
2. Na **época filosófica**, mais erudita, o homem explicava os fenômenos recorrendo a princípios racionais específicos.
3. Na **época científica**, a mais importante e segura de todas, o homem passou a entender os fenômenos com base em leis naturais descobertas pela ciência, as quais elucidam por si só tais fenômenos.

Com esses argumentos, Comte conferiu confiabilidade total e cabal à ciência para falar acerca da natureza. Dessa maneira, ele buscou reduzir e até abafar o dogmatismo religioso, que no Ocidente consistia no empenho da Igreja em reunir em si mesma toda a autoridade para falar sobre o mundo e a natureza.

4.3 Os limites da ciência e da religião

Assim como tomamos as mitologias dos povos mais antigos como explicações sobrenaturais para os fatos que não conseguiam entender, existe desde há muito uma tentativa de conceber ou restringir o domínio do que seja o sobrenatural, os fatos ou ocorrências sobre os quais nossa mente não elaborou explicações satisfatórias até então. Do mesmo modo, o homem intenta esclarecer para si mesmo o que compreende como natureza, como fato natural ou ocorrência comum. A partir dessa compreensão, procurar-se-ia entender quais são a origem e o propósito do ser humano, imerso e inserido nessa natureza. Contudo, aquele que tenta explicar para si a realidade que o circunda, leva sua visão de mundo a cada passo, a cada objeto que vê ou analisa, enfim, em tudo o que faz. Dessa forma, poder-se-ia arguir que o ser humano tem em seu pensamento tanto o sobrenatural quanto a natureza à sua volta, haja vista ser ele um ser integral, que pensa sempre qual é sua origem e seu fim. Cultura, *background*, tradições, conjecturas e formas diversas de pesquisar passam por inúmeras e até díspares influências da maneira de pensar e falar sobre o mundo. Não há escapatória: a subjetividade humana está sempre presente nas atividades executadas, o que envolve limitação e uma compreensão incompleta da realidade.

Essa subjetividade poderia anular a objetividade científica. No entanto, normalmente não é isso que ocorre. Pelo contrário, a ciência, pelos caminhos que trilha, tem dado extraordinárias contribuições para a humanidade, tais como remédios, vacinas, energia elétrica, refrigeração de alimentos, meios de transporte e de comunicação, comodidade, lazer, ludicidade, prazer etc.

É bem verdade que algumas compreensões científicas posteriormente foram avaliadas como imprecisões e até como graves erros. Alguns exemplos de ilusões da ciência foram:

- o modelo geocêntrico;
- a geometria euclidiana atrelada ao Universo;
- e a ideia de que o calor era uma substância, e não uma forma de energia.

É evidente que, numa perspectiva evolutiva do homem e de seu saber sobre o mundo, essas visões não estão adaptadas à organização da realidade atual. No entanto, elas funcionaram, em sua época, como explicações bastantes para os fatos investigados. Podemos argumentar que o heliocentrismo não foi importante para o homem, pois esse modelo era usado para guiar embarcações e viagens, até que Copérnico e Kepler perceberam a necessidade de calcular as posições dos planetas e das estrelas no céu. Pensava-se que as estrelas eram fixas, para depois se descobrir seu movimento aparente. Não podemos considerar *erros* explicações que se mostram suficientes para o momento histórico em que se inscrevem. Porém, quando há um momento de revolução científica, a percepção humana mostra a necessidade de encontrar uma nova explicação, aí é que se arranjam os instrumentos para possibilitá-la e os conceitos que vão embasá-la. É assim, de modo por vezes incompreensível, que a ciência serve ao homem, como conhecimento bastante para determinadas situações. Quando mudam as situações, a ciência se obriga a analisar a nova composição.

Os cientistas, assim, jamais estão imunes a equívocos e ambiguidades, pois muitas vezes a própria natureza se expõe distinta da conformação como o homem a concebeu outrora. Obviamente, essas limitações dificultam enormemente o domínio de todas as variáveis da experimentação. Além disso, as conjecturas da mente humana por vezes se enganam e não obtêm a complexidade do mundo. Como consequência disso, tanto a razão quanto a observação são, até certo ponto, limitadas, falhas e restringidas.

Não obstante, as descobertas da ciência em determinado momento fortaleceram profundamente o pensamento da espécie humana daquela época, permitindo compreender tópicos como: possibilidade do infinito, natureza da matéria, natureza das reações químicas, origem da vida e causa das epidemias.

A ciência apresenta a estupenda vantagem de contar com rigorismos e procura sempre se valer de observação, experimentação, hipóteses, modelos e raciocínio lógico para apreender melhor a compreensão da natureza e amparar a sociedade no que diz respeito a ter uma melhor qualidade de vida, através da provisão, do sustento e da sobrevivência.

Por isso, tanto a ciência quanto a religião são construções humanas e, como tais, estão sujeitas a equívocos e limitações. Ambas se reconstroem e se revigoram com o passar do tempo. As religiões geralmente se baseiam na interpretação de livros tidos como sagrados, inspirados; ou seja, a religião está intrinsecamente atrelada à hermenêutica, que é a área da teologia que interpreta tais textos. Ora, essa área sempre sofre influência de cosmovisões diferentes de mundo e de vastos interesses de natureza religiosa, política, econômica, filosófica e até social. Portanto, essas influências acontecem com todas as instituições religiosas humanas, independentemente de quais sejam os elementos centrais de suas crenças.

A religião é historicamente muito mais antiga que a ciência. Quando os dogmas religiosos foram sistematizados, não se tinha muito saber sobre o mundo natural, os conhecimentos científicos e tecnológicos eram mínimos. As causas mitológicas e sobrenaturais, mais propícias e mais fáceis para a compreensão da época, eram as principais atribuídas a qualquer fato fora do comum; tais fenômenos eram creditados aos desejos, às vontades, às ações ou à ira dos deuses.

Essa forma de entender o mundo foi o padrão verdadeiro por muito tempo. As contendas e os debates se restringiam à questão de por que os deuses atuavam de uma forma em detrimento de outra. Também se perguntava como seria possível agradá-los a fim de que a ira deles fosse aplacada e eles concedessem anistias e perdão aos seres humanos, e não infligissem penalidades. Com o grande avanço da ciência, à medida que se tornou possível explicar a natureza, adquirindo informações sobre a inter-relação e as causas dos fenômenos naturais, a visão religiosa foi, gradual e progressivamente, perdendo espaço.

Nesse momento, surgiram enormes conflitos entre religião e ciência. Por um lado, tentava-se estabelecer os dogmas religiosos de qualquer forma no tocante aos fatos naturais averiguados, de modo que as teorias científicas que procuravam fornecer elucidações naturais para tais eventos fossem suplantadas. Nesses termos, é óbvio que essa atitude religiosa altamente dogmática acabou se posicionando como inimiga da ciência, pois os fatos naturais, como acontecimentos científicos válidos, são necessariamente alvo de avanços das diversas áreas da ciência e suas teorias. Essa é a dificuldade para a religião com suas posturas dogmáticas, haja vista que os religiosos tentam apelar para as autoridades políticas ou para manobras de massa para fazerem a todo custo prevalecer as suas verdades e doutrinas.

Por outro lado, percebe-se também certo dogmatismo científico, que tem sido uma reação contrária ao dogmatismo religioso. O cientificismo dogmático pretende agir da mesma forma que o religioso, mostrando-se igualmente prejudicial: impede o diálogo entre ciência e religião, gerando o conflito e, às vezes, até mesmo a violência. É importante sempre termos em mente, como já afirmamos, que tanto as religiões quanto as ciências são construções puramente humanas e, como tais, são passíveis de enganos, equívocos, mal-entendidos; ambas estão sujeitas às limitações intrínsecas ao ser humano.

A fim de se evitar um autoritarismo exclusivista de um ou de outro lado, tanto os dogmas e as doutrinas religiosas quanto as hipóteses científicas não deveriam jamais ser tidas aprioristicamente como verdades absolutas que não podem ser questionadas. Isso porque todas as compreensões humanas estão obrigatoriamente em constante movimento, de forma gradual e progressiva, em perpétua confrontação e comparação com os fatos conhecidos e, sobretudo, com os fatos que potencialmente estão por ser revelados.

4.4 O debate entre o criacionismo e o evolucionismo

Duas compreensões completamente díspares sobre a origem da vida se opõem na cultura ocidental. São as famosas teorias do **criacionismo** e do **evolucionismo**, que se apresentam de maneiras bem diferentes, mas com algo em comum: nenhuma delas pode ser demonstrada em laboratório. Além disso, tem havido uma ampla e recorrente disputa entre os vários defensores das duas teorias. Por conseguinte, todo esse debate tem levado o homem a um crescente interesse sobre o que significam essas teorias e como elas surgiram e se desenvolveram. Trata-se de um duelo fascinante entre essas duas linhas de pensamento, desde a primeira publicação do livro *A origem das espécies*, de Charles Darwin (1809-1882).

A concepção criacionista repele a teoria da evolução. Para o criacionismo, há necessariamente um Deus criador, o qual fez uso de seu poder transcendental e sobrenatural para dar origem ao mundo e ao homem de acordo com seu próprio desígnio: ele teve a iniciativa de criar tudo o que existe, e sem ele nada do que existe chegaria a surgir. Esse dogma do criacionismo pertence principalmente às religiões monoteístas: judaísmo, cristianismo e islamismo.

Na tradição judaico-cristã, a criação do universo e a criação do ser humano estão registradas nas Escrituras Sagradas, a *Bíblia*, particularmente no Antigo Testamento, que é tido pelos judeus e cristãos como a Santa Palavra de Deus. A *Bíblia*, em uma das suas citações sobre a criação, em Gênesis, 1: 1, diz: "No princípio criou Deus o céu e a Terra". Em outro texto das Sagradas Escrituras, no Salmo 33: 6;9, o salmista diz: "Pela palavra do Senhor foram feitos os céus, e todo o exército deles pelo espírito da sua boca. [...] Porque falou, e foi feito; mandou, e logo apareceu".

O *Alcorão*, o livro sagrado para a terceira religião monoteísta, o islamismo, tem a mesma percepção bíblica da criação e apresenta o seguinte texto, em seu capítulo 7, verso 54:

> *Vosso senhor é Deus [Allah], Que criou os céus e a terra em seis dias, assumindo, em seguida, o Trono. Ele ensombrece o dia com a noite, que o sucede incessantemente. O sol, a lua e as estrelas estão submetidos ao*

Seu comando. Acaso, não Lhe pertencem a criação e o poder? Bendito seja Deus [Allah], Senhor do Universo. (O Alcorão Sagrado, 2006)[1]

É preciso entender que, na atualidade, o termo *criacionismo* pode ter mais de uma interpretação. Quando é mencionado, não se faz referência a ele no mesmo sentido com que os teólogos o faziam em tempos idos. Basicamente, o termo diz respeito à criação dos seres vivos por Deus, conforme prescrito no livro-texto dos judeus e cristãos: o Antigo Testamento, a primeira parte da *Bíblia*. No passado, sempre se entendeu o livro de Gênesis, especialmente sua primeira parte, dos capítulos 1 ao 11, no sentido literal e, portanto, em uma compreensão intrinsecamente fixista[2]. Nesse sentido, o criacionismo era peremptoriamente um sistema antievolucionista. O criacionismo assevera que cada espécie foi criada separadamente e conserva sempre as suas propriedades basilares. Essa posição antiga nunca se acabou e tem sido retroalimentada recentemente com grande vigor, sobretudo nos Estados Unidos, entre os grupos cristãos conservadores.

Entretanto, é inteiramente claro para vários intérpretes cristãos do Antigo Testamento que o livro de Gênesis não seria tão somente um livro histórico, mas também um escrito etiológico. Dessa forma, na atual posição desses teólogos, tidos como liberais na ortodoxia cristã, o criacionismo evolutivo tem sido o mais aceito. Segundo eles, é plausível apontar, em cada ser, na sua essência, certo

---

1 O termo *Allah* foi empregado ao lado do termo *Deus*, para manter a palavra utilizada pelos islâmicos.
2 Fixismo é uma teoria filosófica formulada e bastante difundida durante o século XVIII que propunha que tudo o que existe se manteve inalterado desde sua origem. Na biologia, por exemplo, essa doutrina defende que todas as espécies foram criadas por um poder divino e não passaram por modificações.

dinamismo existencial que causa sua evolução. Esse dinamismo é identificado por eles como sendo a própria ação criadora de Deus.

Nesse tipo de raciocínio teológico, em toda sua pureza, a concepção metafísica da criação exprimir-se-ia pela incondicional e radical dependência de Deus por parte de todo ser existente. Assim, essa interpretação teológica assevera que é esse Supremo Ser que cria. Ele o faz mediante um processo no qual toda a sua criação resulta em uma causa que é muito mais do que sua própria essência. A consequência teológica desse tipo de interpretação é que Deus se autossuperaria nesse processo. E o que seria esse dinamismo existencial nessa compreensão teológica? Seria a ação contínua e progressiva de Deus, pois Ele é quem primariamente cria.

Com relação ao evolucionismo, nota-se que é uma ideia muito recente entre os homens, se comparada com o criacionismo. A concepção evolucionista surgiu a partir do século XIX: determinados cientistas recomendaram inovações científicas acerca da origem da vida na Terra, contradizendo veementemente a ideia do criacionismo. Entre essas investigações estava a teoria desenvolvida por Charles Darwin, que, em estudos realizados nas Ilhas Galápagos, encontrou espécies de animais excêntricos e dissemelhantes. Suas descobertas fizeram alavancar o evolucionismo, acertando praticamente um tiro mortal na teoria do criacionismo. Essas descobertas de Darwin fundamentaram a formulação da **teoria da seleção natural das espécies**, da qual originou seu livro *A origem das espécies*. Essa obra ajudou de forma esplêndida a constituir o axioma da ciência moderna sobre a origem do ser humano na Terra.

De acordo com o evolucionismo, todas as espécies procedem umas das outras e, remotamente, de um ou poucos seres vivos iniciais; também o gênero humano está incluído nesse processo. No entanto, deve-se perceber que existem atualmente vários tipos de teorias evolucionistas:

- Darwin construiu a teoria da seleção natural e da sobrevivência do mais forte na luta pela vida, afirmando que as formas atuais teriam resultado dessa seleção natural.
- Outro naturalista, o francês Jean-Baptiste de Lamarck (1744-1829), também compilou diversas leis da evolução, baseadas, especialmente, na adaptabilidade dos seres vivos pela utilização dos órgãos e na genética dos caracteres contraídos.
- Com o surgimento da genética molecular, fizeram-se estudos propensos a indicar que a acumulação, ao longo do tempo, de modificações acontecidas nos múltiplos seres vivos poderia constituir a origem de novas espécies.
- No final do século XIX, surgiram diversas correntes neodarwinianas que procuraram adaptar a teoria da seleção natural às novas descobertas advindas da área.
- A partir do século XX nasceu a simbiogênese, que defende que a evolução não se ativou em forma de uma árvore com ramificações efetuadas lenta e pausadamente ao longo do tempo por intermédio de alterações do material genético. Pelo contrário, a evolução teria se desenvolvido em forma de rede, constituída pela troca de genes entre espécies que viveram em um mesmo período, e não ao longo do tempo.

Entre os evolucionistas, a teoria da Grande Explosão – o *Big Bang* –, como também a teoria de Darwin, tem sido aceita por muitos como o começo da história que se conhece na atualidade. Essa teoria afirma que toda a matéria existente no Universo resultou de uma massa de partícula atômica enormemente acalorada e comprimida que irrompeu há cerca de 12 bilhões de anos. Segundo a teoria, a grande explosão de energia inventiva deu princípio ao Universo, às galáxias, às estrelas, aos planetas e, finalmente, a toda espécie de vida e matéria existente.

Seríamos nós o resultado de uma explosão? Ou somos criação de um Ser supremo, seja ele o Allah do *Alcorão* ou o Deus da *Bíblia*? Na tradição judaico-cristã, a ênfase é na criação divina do mundo, baseada no livro da Gênesis. Um Ser supino, único e absoluto, denominado *Javé* ou *Deus*, totalmente perfeito, incriado, que existe por si só e não depende da existência do Universo, é o elemento central da estrutura criacionista. Ao exercer seu infinito poder criativo, Ele produziu o Universo em seis dias (ou seis eras), e no sétimo descansou. Além de criar o Universo, a Terra, as plantas, os animais irracionais, Ele fez o homem e a mulher à sua imagem e semelhança. A doutrina cristã não aceita o evolucionismo puro e prefere crer no Deus Criador Todo-Poderoso a acreditar no acaso e em uma explosão como os fatores desencadeadores da vida. Para os cristãos, é muito mais ilógico e incongruente aceitar o evolucionismo do que o criacionismo.

Questão para reflexão

Faça uma análise do debate entre o criacionismo e o evolucionismo, abrangendo a teoria do *Big Bang*.

capítulo cinco

Teologia e ciência:
diálogos e perspectivas

05

Como comentamos ao longo desta obra, durante a história da civilização, a relação entre ciência e religião foi assinalada por ocasiões de choque. Há quem acredite que ambas andam juntas, mas há também quem as conceba como tópicos inteiramente contraditórios. Atualmente, valoriza-se o diálogo entre os dois campos para o estabelecimento de um mundo mais humanitário e o banimento dos conflitos perpetuados na história.

O século XVI foi caracterizado por uma marcante coação da Igreja sobre os cientistas e outros antipáticos à religião predominante na Europa. O chamado *Tribunal do Santo Ofício* julgava e condenava aqueles que oferecessem algum tipo de ameaça à ordem religiosa vigorante: a Igreja Católica. Esse litígio se intensificou na modernidade, quando o empirismo ganhou pujança com os cientistas e os tribunais da Inquisição passaram a recrudescer suas agilidades. Além do empirismo, havia o racionalismo, segundo o qual a razão emerge como único critério de verdade e as afirmações dogmáticas e teológicas são submetidas à reflexão, mediadas pelo racional. Com isso, passo a passo, Deus foi sendo rejeitado como hipótese verossímil, porque não é verificável pelas regras da racionalidade científica.

Dos enormes embates surgiram empreendimentos de aproximação – por exemplo, religiões permissivas no que toca à pesquisa científica na Reforma Protestante, na Idade Moderna. Não são poucos os teólogos que defendem que a Igreja deve se limitar ao âmbito privado, e a ciência, à esfera pragmática; também é grande o coro daqueles que advogam uma relação amistosa entre os dois campos, sem cepticismo. É razoável o diálogo entre as duas áreas, sem que uma tenha que negar ou ridicularizar a outra.

Atualmente, há uma preocupação enorme com a genética e a questão ética. As possibilidades que a genética traz para as mãos do ser humano são muito radicais e intensas. Elas podem mudar o Universo, a história e a natureza. E é exatamente a ética um dos elementos que tem o potencial de aproximar e unir a ciência e a teologia. Nesse aspecto ético, a religião e a teologia têm uma função assaz fundamental: em conjunto com a sociedade, devem discutir os limites da ciência e toda a ética nela implicada.

O diálogo entre as igrejas e a classe científica avançou muito nos últimos anos devido ao progresso no conhecimento que ambas proporcionaram, bem como à conexão que alimentam. O cientista vai à igreja aos domingos; facilmente ele traz o mundo da ciência para a igreja e leva para a ciência o legado dos valores que carrega dentro da religião. Outro ponto de aproximação tem sido a velocidade da comunicação. Na contemporaneidade, qualquer teólogo ou religioso tem acesso a informações da ciência com uma celeridade impressionante. No entanto, os cientistas podem acessar informações sobre o mundo da religião de modo ainda mais veloz. Isso decorre do fato de que as informações religiosas são largamente veiculadas na televisão e nas redes sociais; já as informações científicas não fazem parte do cotidiano das pessoas e seus resultados só se mostram eficazes após inúmeras verificações. Destarte, qualquer pessoa pode ter as informações religiosas com maior celeridade do que ao tentar acessar informações científicas.

É fato que os dois campos não têm uma congruidade preestabelecida, mas podem coexistir sem choques se uma não interferir no espaço da outra. Quando se compreende o que é próprio da fé, o que é próprio da religião, a ciência conserva seu caminho e não intervém naquilo que compete à teologia. Os conflitos despontam, e muitos deles são insolúveis quando um campo é invadido pelo outro. Deve haver entendimento de ambas as partes sobre quais os limites de atuação da ciência e da religião. Geram-se conflitos quando cientistas não aceitam a existência de uma esfera pertinente à fé e quando os teólogos não admitem aquilo que concerne à ciência. Por exemplo, não é possível falar cientificamente de Deus, pois Ele não é objeto da ciência empírica, mas objeto de fé. E fé é elemento do campo teológico, e não do científico.

Todavia, o competente progresso tecnológico alimenta alguns empecilhos e obsta toda conformidade entre cientistas e religiosos. As contemporâneas pesquisas com células-tronco, a manipulação de embriões humanos para fins reprodutivos e até mesmo os mantimentos geneticamente modificados fomentam as discordâncias entre ciência e teologia e suscitam desconfianças muitas vezes sem resposta. A grande questão atual de conflito é: Até onde vai a capacidade de a ciência criar a vida?

No início do século XXI, a ciência tem demonstrado uma postura mais humilde. A teoria da relatividade, a física quântica, o princípio da incerteza e o teorema da incompletude foram apenas a antessala da revolução epistemológica, que, desde meados do século

XX, acoplada ao aparecimento de novas teorias científicas, tem procurado alcançar a inteligibilidade do Universo com a contribuição de instrumentos conceituais manifestos em expressões como *desordem organizadora, complexidade, auto-organização* e *caos*. Essa conflagração abrange as disciplinas clássicas de Física, Química e Biologia, mas pertence, da mesma forma, aos domínios teóricos mais recentes, como a cibernética, a teoria dos sistemas e as neurociências.

É bastante comum, na atualidade, o uso dos termos *multidisciplinaridade, interdisciplinaridade* e *transdisciplinaridade*. Embora parecidas, essas três palavras são distintas em seu significado. Elas propalam, pela necessidade de diálogo, certa abertura entre teologia e ciência.

A **multidisciplinaridade** ocorre quando múltiplas disciplinas se debruçam sobre uma exclusiva questão. No século XVII, já houve uma experiência de congregar muitas disciplinas com o objetivo de abordar um único objeto do conhecimento, na intenção de conhecer mais para conhecer melhor.

A **interdisciplinaridade**, como o próprio prefixo anuncia, apregoa que as disciplinas olhem para dentro de si e busquem, com métodos característicos, aproximar suas veracidades e conquistas sobre seus objetos de estudo.

O terceiro conceito, a **transdisciplinaridade**, é bem mais atual e, com base em uma reflexão acerca do pluralismo cultural, pode-se considerá-lo bem mais eficaz no que diz respeito ao diálogo entre a teologia e a ciência. Na transdisciplinaridade, o mais importante é ir além da margem do método. A abordagem transdisciplinar baseia-se em estudos, espontaneamente conectados, de várias áreas disciplinares, que se alargam das ciências da percepção à epistemologia, à história, à política e a tantas outras teorizações de natureza interdisciplinar.

Em contraposição ao cientificismo moderno, essa é uma reação ao caráter de conhecimento absoluto, incondicional e irrestrito, pois evidencia que todo saber enfrenta dificuldades próprias da história e, por isso, é mutável, assim como a própria vida. Nesse ponto de vista, é o espírito científico que importa à ciência; ele não aquiesce com o real da existência, mas transcende com o apetite de abdicar de todas as suas crenças no instante em que isso se demonstre necessário. O conhecimento, nesse caso, necessita ser dialético e, na medida em que se desenvolvem seus contornos, torna-se mais objetivo e mais enriquecido com os outros conhecimentos.

A sociedade, por ser um produto humano, é uma realidade dialética e se propaga por meio de interação, isto é, age e retroage sobre a própria ação. Por analogia, pode-se dizer que o conhecimento humano, como produção mental, incide em três fases:

1. **Exteriorização**: É a ininterrupta efusão do ser humano sobre o mundo. A humanidade ergueu e continua a construir o edifício do saber, sem a presunção de se ter o produto final.
2. **Objetivação**: É a captação por parte dos produtos dessa agilidade. Por mais que se tome posse do conhecimento, sabe-se que essa realidade se movimenta muito mais pela falta dele do que por sua abastança.
3. **Interiorização**: É a apropriação dessa realidade por parte dos seres humanos, convertendo-a novamente, de estruturas do mundo objetivo, em estruturas da consciência subjetiva. Em outras palavras, o conhecimento chega ao indivíduo em forma de epítome, mais pronto, mais universal, fertilizando-o para que outros conhecimentos sejam fomentados.

Nessa perspectiva, apreende-se que os conhecimentos são aperfeiçoados pelo intercâmbio ou, melhor dizendo, pelo processo dialético. O que vai caracterizar o fundamentalismo é precisamente a unilateralidade, ou seja, o domínio de uma fase sobre a outra. Como se sabe, os fundamentalismos podem existir não só no saber da fé e da religião, mas também nas ciências, quando não há abertura para o diferente, para o novo. Pela transdisciplinaridade, pode-se fugir dos fundamentalismos. Com base nela, os diálogos se tornam possíveis; por meio dela, os saberes são focados com humildade, e o "eu sei" se abre ao "nem tudo eu sei", ou, em última instância, até o ponto para cultivar a máxima socrática que proclama o amor ao saber: "Sei que nada sei".

Como se daria o diálogo entre teologia e ciência partindo da transdisciplinaridade? Com métodos desiguais, cada uma pode partilhar suas pesquisas e sobrepor a elas novos resultados. A criação, por exemplo, é uma demanda que interessa tanto à teologia quanto às ciências. Apesar de posturas distintas e métodos diferentes para analisar a problemática, elas podem dialogar e chegar a conclusões também diferentes sem dano para uma ou outra.

Ainda que o discurso dos teólogos pareça irredutível à observação científica – pois parte de uma dimensão afetivo-axiológica, atingindo declarações que o pensamento científico só pode receber do ponto de vista analítico-concreto –, a teologia maneja, no entrelaçamento dos saberes, uma lógica distinta e complementar àquela dos demais cientistas. Para o bem comum e a garantia da *res publica*, o cientista precisa exercer certo ateísmo metodológico enquanto circunscreve e ordena seu objeto. O teólogo, por seu lado, tem de suspender seu eventual ateísmo e praticar um teísmo metodológico que implique a via mística como guia para o autoconhecimento e a intelecção da raiz ontológica do real.

As posturas fundamentalistas aparecem quando uma disciplina impõe sobre a outra seus dogmas, desconsiderando que os métodos são diferentes e que, mais do que a pretensão de se apropriar da verdade absoluta, o que cada uma pode fazer é se recolher em seus limites e compartilhar seu saber. As ciências teriam uma atitude fundamentalista ao recusar e negar, por exemplo, a existência de Deus. Mesmo tendo um método empírico para a verificação de uma hipótese, não é da ocupação do cientista negar algo que não possa ser mensurável. Nesse caso, diante da falta de provas para a existência de Deus, é mais coerente ao cientista assumir uma postura agnóstica, e não ateísta, pois a primeira está, no mínimo, de acordo com o método científico. Agnosticismo não é ateísmo; este nega a existência de Deus por não acreditar nas provas sobre ele; aquele, na falta de provas para a negação da existência de Deus, prefere ouvir e aprender com os especialistas da área, que são os teólogos.

Partindo desses pressupostos, onde está a verdade sobre a origem da vida e de todas as coisas? Na doutrina criacionista das religiões mediterrâneas, especialmente na tradição judaico-cristã? No evolucionismo dos cientistas discípulos de Darwin? Cada disciplina tem o seu instrumental de investigação e análise acerca da verdade, e somente não se tornará um sistema fechado de conhecimento se tiver como única certeza a busca.

A teoria da evolução brotou na esfera da teologia na voz de Giordano Bruno (1548-1600), que via a criação como "constantes metamorfoses", e continuou no início do século XX, por meio do pensamento de outro teólogo, Pierre Teilhard de Chardin (1881-1955). Ainda que pareça estranha a vários fiéis e teólogos, a teologia não aborda a teoria da evolução como uma realidade simples, mas a retoma para debater suas perspectivas mais críticas e compartilhá-las com outras disciplinas: a evolução, avaliada cientificamente, não revela propósitos. Mesmo assim, a fé cristã pode, até certo ponto, perfilhar nessa "sintonia ultrafina dos parâmetros evolutivos do Universo" (Assmann, 1997, p. 58-59) o potencial criador, usado por Deus para chamar à existência a maravilha da vida. Ainda que alguns teólogos venham a aceitar algum método da teoria da evolução, não podem jamais inutilizar a ideia aristotélica do motor imóvel, o poder criador de Deus, pois isso não seria teologia – seria uma ateologia. Entrementes, a fim de coibir um falso antropocentrismo, que enclausura o ser humano na natureza, recomenda-se compreender o princípio antrópico nos horizontes maiores de um princípio biotrópico.

A teologia não nasceu para ser empecilho ao conhecimento; desde sua origem, ela tem a missão de inculturar, isto é, de dialogar com a civilização estranha, como bem fez Paulo ao promover o encontro entre a fé dos cristãos e o humanismo grego e romano, como registrado nos Atos dos Apóstolos, capítulo 17, e durante toda sua vida. A teologia nasceu, justamente, com a missão de promover a interlocução e transcender, por isso deve ser transdisciplinar. Para ela, é imprescindível interagir com o mundo, com a sociedade, com a cultura. Com base na certeza da existência de Deus, ela deve dar sustentabilidade intelectual à fé (*intellectus fidei*), e esse compromisso é extremamente antigo, anterior à própria filosofia grega. Desde que o ser humano se viu forçado a decodificar os sinais dos tempos, a teologia se fazia presente.

Na Antiguidade, a teologia começou a se formar como doutrina por meio dos primeiros cristãos; em diálogo com a filosofia, particularmente a platônica, criou consensos e críticas entre pensadores e sacerdotes. Na Idade Média, ao lado da ciência, representada pelas artes liberais e o pensamento aristotélico, a teologia deu sustentação a verdades necessárias ao fortalecimento do poder religioso. Tomás de Aquino revolucionou a teologia ao apagar a linha que dividia a vertente transcendental, cujo ponto de partida estava diretamente relacionado a Deus, da vertente natural, que se ocupava da aspiração infinita do ser humano em tornar este mundo semelhante ao Reino de Deus. À luz da ciência aristotélica, ele abriu caminho para que outras correntes teológicas acessassem conhecimentos diversos, como se pode perceber nos meios protestantes e católicos.

Na modernidade, em confrontação com o ateísmo, a teologia tornou-se crítica e mostrou o quanto ela é necessária diante de uma realidade carente de valores humanos. Atualmente, mais do que nunca na história, em uma sociedade em que tudo parece ser descartável e que se assemelha a uma fluidez líquida, essa demanda se torna mais evidente. No contraponto com a vida, muito mais do que com a ciência, ela busca dar voz aos valores mais importantes na formação humana e na preservação da natureza.

Em certo sentido, é premente que a teologia e a ciência se alinhem para a transformação do ser humano e da humanidade. Unidas, com suas magníficas elucubrações, afirmam-se como um inexorável imperativo categórico, o qual viabilizaria uma ética mundial; esta se infundiria para que a humanidade alcançasse as plenas condições e a idoneidade para enfrentar as questões universais e cruciais, de cuja solução harmoniosa estão dependendo a supervivência humana e mesmo qualquer condição de vida em nosso planeta Terra.

Destarte, a teologia, com a missão inter e transdisciplinar, durante séculos, enfrentou e venceu o isolamento, atuando não só nas igrejas, mas também na realidade que a cercava. Atualmente, reconhecendo a autoridade bíblica como única regra de prática e fé, e conhecendo a autoridade humana das diversas ciências, ela pode, sem dúvida alguma, prestar um grande serviço à fé cristã, pois, com a ajuda das ciências, poderá formular muito mais adequadamente seu discurso.

Por meio de muitas ocasiões comuns, porém com um contorno claramente ético, a proposta da transdisciplinaridade se manifesta como um caminho de religação dos saberes. A necessidade de se construírem novas maneiras de conhecer, de se garantir a vida e a convivência humana no planeta demanda a recuperação da clássica teologia da causalidade final, abandonada pelas ciências modernas, e o estabelecimento de um novo patamar epistemológico, conduzido pela lógica da inclusão das multíplices formas de conhecimentos. Nessa perspectiva, a teologia, como ciência da fé, e as demais ciências, com seu código epistemológico exclusivo, são inconfundíveis e devem ser respeitadas em suas peculiaridades.

Ambos os campos devem fugir, por um lado, da **concordância acrítica**, e, por outro, da **discordância fundamentalista**. O primeiro trata de ver cada área solitariamente, sem qualquer alusão uma à outra. Sem postura crítica, concorda-se com quaisquer artigos de fé dos quais trata a teologia, como era extremamente comum se fazer durante o período que ficou conhecido como *Idade das Trevas*; sem uma postura crítica, igualmente se concorda com as argumentações das ciências. Trata-se de uma fé cega, um salto no escuro, tanto por parte da teologia quanto das ciências. Aliás, para crer na teoria da evolução, demanda-se mais fé do que para crer na teoria da criação. Por sua vez, a discordância fundamentalista reforça o abismo entre as duas ciências e se fixa na retaguarda, defendendo cegamente uma em prejuízo da outra.

Entretanto, há uma terceira postura, que mais condiz com uma posição de modéstia e de diálogo: seria uma espécie de articulação, ao mesmo tempo crítica e promotora de convivência mútua, em que uma não só se aproxima da outra, mas se deixa fecundar pela experiência e conhecimento da outra. Cada disciplina tem o compromisso de investigar, decifrar e difundir a verdade descoberta. Teologia e ciência não são estáticas, são dinâmicas. É nesse sentido que elas, sob o mesmo objetivo – o da transdisciplinaridade –, não precisam exercer nenhum poder sobre a outra, mas interatuar, interagir. Isso porque a fé teológica está supramente na divindade, mas também, em certos aspectos, em ações concretas para a melhoria da vida humana, assim como a ciência também está. Destarte, nesse eixo comum – e apenas nele – pode haver essa interação de complementaridade, de busca de conhecimento que ajude a raça humana a ser cada vez melhor.

Sem a consciência da diversidade, da variedade e da heterogeneidade, a teologia como ciência se esvaziaria de sentido e perderia a confiança da unidade; a ciência, por sua vez, não teria o que dizer sobre a evolução dos seres humanos na Terra. Tanto uma quanto a outra carecem buscar no valor da humildade e do diálogo uma maneira de cooperar para o desenvolvimento da humanidade, não no sentido físico, mas no sentido transcendental. Teologia e ciência podem perfeitamente dialogar naquilo que têm de mais importante e comum em sua existência: a transcendência.

Questão para reflexão

Em sua opinião, qual é a relevância no diálogo entre a teologia e as ciências? Como o desenvolvimento científico pode contribuir para o pensamento teológico cristão?

considerações finais

Pelos argumentos expostos nesta obra, foi possível perceber que a teologia, como ciência da fé, e a ciência, com seu estatuto epistemológico específico, são inconfundíveis e devem ser respeitadas em suas especialidades. No entanto, a teologia, na atualidade, deveria reconhecer a autoridade da ciência e pedir-lhe ajuda, a fim de melhorar o próprio discurso. Se assim o fizesse, prestaria um melhor serviço à religião e à fé.

Além disso, é plausível aceitar que a transdisciplinaridade pode ser um excelente caminho para religar ambos os saberes. Assim, deve-se evitar tanto o que chamamos aqui de *pura concordância acrítica* quanto o que denominamos *discordância fundamentalista*. O primeiro trata cada área de forma isolada, sem referência à outra. Isso acontece quando os artigos de fé e as argumentações expressas pelas ciências são admitidas sem reflexão crítica. O segundo procura ver e aprofundar o abismo que existe entre as duas áreas e se coloca na retaguarda, favorecendo uma em detrimento da outra.

No entanto, uma postura que mais condiz com a humildade e o diálogo é a articulação. Esta acontece quando há uma conduta bem mais crítica, porém com conivência recíproca, em que uma área acolhe a outra e se deixa entremear pelo conhecimento dela.

Teologia e ciência podem vir a se encontrar apesar da diversidade de métodos; a transdisciplinaridade permite a elas transcender nas próprias pesquisas, com a possibilidade de debates, diálogos e consenso. Dessa forma, cada uma tem o compromisso de pesquisar, perscrutar a realidade, compreendê-la e comunicar a verdade descoberta. É nessa possibilidade de transdisciplinaridade que ciência e teologia, sob o mesmo objetivo, não exerceriam nenhum poder uma sobre a outra, mas, ao interagirem, perceberiam que tanto a fé quanto a ciência estão com suas ênfases voltadas para a vida humana.

Nesse movimento de dialética da universalização e especialização, a religião e a teologia precisam se aprimorar em seu estado epistemológico e dialogar mais costumeiramente com todas as demais formas de conhecimento. Tal diálogo, na diversidade, seria uma via de comunicação e unidade. Ao se ensimesmar, a teologia continuará no ostracismo e, dessa forma, não poderá mais ser reconhecida como ciência da área de humanas, mas simplesmente como uma religiosidade embasada em pressupostos não confiáveis.

referências

AOSTA, A. de. **Monológio**. Disponível em: <http://www.filosofia.com.br/figuras/livros_inteiros/79.txt>. Acesso em: 2 set. 2016.

____. **Proslogion**: seu Alloquium de Dei existentia. Tradução de José Rosa. Covilhã: Universidade da Beira Interior, 2008. Disponível em: <http://www.lusosofia.net/textos/anselmo_cantuaria_proslogion.pdf>. Acesso em: 2 set. 2016.

AQUINO, T. de. **Suma teológica**. São Paulo: Loyola, 2003. 9 v.

ASSMANN, H. Paradigmas ou cenários epistemológicos complexos? In: ANJOS, M. F. dos. (Org.). **Teologia aberta ao futuro**. São Paulo: Soter; Loyola, 1997. p. 41-66.

BÍBLIA (Novo Testamento). Atos. Português. **Bíblia Online**. Tradução de Almeida corrigida e revisada, fiel ao texto original. cap. 17. Disponível em: <https://www.bibliaonline.com.br/acf/atos/17>. Acesso em: 2 set. 2016.

BÍBLIA (Velho Testamento). Gênesis. Português. **Bíblia Online**. Tradução de Almeida corrigida e revisada, fiel ao texto original. cap. 1, vers. 1, 10, 16-17, 19. Disponível em: <https://www.bibliaonline.com.br/acf/gn/1>. Acesso em: 26 ago. 2016.

BÍBLIA (Velho Testamento). Josué. Português. **Bíblia Online**. Tradução de Almeida corrigida e revisada, fiel ao texto original. cap. 10, vers. 12-13. Disponível em: <https://www.bibliaonline.com.br/acf/js/10>. Acesso em: 26 ago. 2016.

BÍBLIA (Velho Testamento). Salmos. Português. **Bíblia Online**. Tradução de Almeida corrigida e revisada, fiel ao texto original. cap. 33, vers. 6, 9. Disponível em: <https://www.bibliaonline.com.br/acf/sl/33>. Acesso em: 1º set. 2016.

BRECHT, B. Vida de Galileu. Tradução de Roberto Schwarz. In: BRECHT, B. **Teatro completo**. São Paulo: Paz e Terra, 1999. (Coleção Teatro, v. 6).

BURCKHARDT, J. C. **A cultura do Renascimento na Itália**: um ensaio. Tradução de Sérgio Tellaroli. São Paulo: Cia. das Letras, 2009.

CORRAL, M. A. M. Matematización de la astronomia. In: ____. **La morada cósmica del hombre**: Ideas e investigaciones sobre ela lugar de la tierra en el universo. Ciudad de México: Instituto Latinoamericano de la Comunicación Educativa; Universidad Nacional Autónoma de México, 1997. cap. VI. Disponível em: <http://bibliotecadigital.ilce.edu.mx/sites/ciencia/volumen3/ciencia3/155/htm/sec_10.htm>. Acesso em: 2 set. 2016.

DAMASIO, F. O início da revolução científica: questões acerca de Copérnico e os epiciclos, Kepler e as órbitas elípticas. **Revista Brasileira de Ensino de Física – RBEF**, v. 33, n. 3, p. 1-6, 2011. Disponível em: <http://www.scielo.br/scielo.php?script=sci_arttext&pid=S1806-11172011000300020&lng=en&nrm=iso&tlng=pt>. Acesso em: 27 ago. 2016.

DESCARTES, R. **Discurso do método**. Tradução de Maria Ermantina Galvão. São Paulo: Martins Fontes, 2001.

ECO, U. **Semiótica e filosofia da linguagem**. Tradução de M. Fabris e J. L. Fiorin. São Paulo: Ática, 1991. (Série Fundamentos).

FEITOSA, E. G.; MIRANDA, F. A. de; NEVES, W. da S. **Filosofia**: alguns de seus caminhos no Ocidente. São Paulo: Baraúna, 2014.

FIKER, R. **O conhecer e o saber em Francis Bacon**. São Paulo: Nova Alexanddria, 1996.

GALILEI, G. **O ensaiador**. São Paulo: Nova Cultural, 1999. (Coleção Os Pensadores).

GALVÃO, M. E. Prefácio. In: DESCARTES, R. **Discurso do método**. São Paulo: Martins Fontes, 2001. p. VII-XXX.

GOULART, M. 10 grandes mentes do Renascimento. **História digital**. Curiosidades. 11 maio 2010. Disponível em: <http://www.historiadigital.org/curiosidades/top-10-mentes-mais-influentes-do-renascimento-cultural/>. Acesso em: 27 ago. 2016.

HARRISON, P. "Ciência" e "Religião": construindo os limites. **Revista de Estudos da Religião**, ano 7, p. 1-33, mar. 2007. Disponível em: <http://www.pucsp.br/rever/rv1_2007/p_harrison.pdf>. Acesso em: 1º set. 2016.

LAKATOS, I. **La metodologia de los programas de investigación científica**. Madrid: Alianza Editorial, 1989.

LOPES, A. N. Ciência e religião: modelos de interação. **Portal Mackenzie**. Ciência e religião. Disponível em: <http://www.mackenzie.br/ciencia_religiao0.98.html>. Acesso em: 2 set. 2016.

MARICONDA, P.; LACEY, H. A águia e os estorninhos: Galileu e a autonomia da ciência. **Tempo Social**, São Paulo, v. 3, n. 1, p. 9-35, maio 2001. Disponível em: <http://www.scielo.br/pdf/ts/v13n1/v13n1a05.pdf>. Acesso em: 27 ago. 2016.

O ALCORÃO Sagrado. Tradução de Samir El Hayek. Foz do Iguaçu: Centro Cultural Beneficente Árabe Islâmico, 2006. cap. 7, vers. 54. Disponível em: <http://www.ebooksbrasil.org/eLibris/alcorao.html>. Acesso em: 1º set. 2016.

SAUCEDO, K. R. R. Docência do ensino religioso: ciência e religião na formação de professores. **Revista Eletrônica Pesquiseduca**, Santos, v. 5, n. 10, p. 244-261, jul./dez. 2013. Disponível em: <http://periodicos.unisantos.br/index.php/pesquiseduca/article/viewFile/260/pdf_1>. Acesso em: 2 set. 2016.

TOSSATO, C. R. Apenas um lado do jogo: Kepler condicionado por seu tempo? **Scientiae Studia**, São Paulo, v. 4, n. 4, out./dez. 2006. Disponível em: <http://www.scielo.br/scielo.php?script=sci_arttext&pid=S1678-31662006000400007>. Acesso em: 29 ago. 2016.

USARSKI, F. Interações entre ciência e religião. **Revista Espaço Acadêmico**, ano II, n. 17, out. 2002. Entrevista. Disponível em: <http://www.espacoacademico.com.br/017/17cusarski.htm>. Acesso em: 26 ago. 2016.

WEBER, M. **A ética protestante e o espírito do capitalismo**. 2. ed. São Paulo: Pioneira Thomson, 2015.

sobre o autor

Jaziel Guerreiro Martins é bacharel em Teologia pelas Faculdades Batista do Paraná (Fabapar), mestre em Religião e Cultura pela Universidade de Birmingham (Inglaterra) e doutor em Ciências da Religião pela Universidade Metodista de São Paulo (Umesp). É professor nos cursos de graduação em Teologia (presencial e EaD) há 27 anos e no programa de mestrado em Teologia da Fabapar desde a sua implantação. Nessa instituição, foi também coordenador de cursos de Teologia (presencial e EaD), coordenador acadêmico, vice-diretor e diretor.

Outras obras do autor

Livros
Manual do pastor e da Igreja
Seitas e heresias do nosso tempo
Cento e uma belas ilustrações

Como entender os textos mais polêmicos da Bíblia – Evangelhos Senóticos
Como entender os textos mais polêmicos da Bíblia – Evangelho de João
A biografia do diabo brasileiro
Manual de celebrações do ministro: para eventos e cerimônias religiosas

Artigos

Catolicismo popular e sincrético no Brasil Colônia: componente fundamental para o desenvolvimento da demonologia brasileira
A ênfase no Diabo na Igreja Universal do Reino de Deus: a dicotomia do bem e do mal
Matriz religiosa brasileira e sincretismo religioso brasileiro: a gênese da demonologia nas igrejas denominadas neopentecostais
A relevância da demonologia na religiosidade popular do Brasil Colonial
Um diálogo com a perspectiva feminista de Patrícia Beattie Jung
Elementos soteriológicos convergentes entre o cristianismo e o hinduísmo
Uma leitura das ideias de William James sobre a religiosidade humana
O olhar do outro – considerações sobre a teologia feminista
O demônico em Paul Tillich
Pós-modernidade e teologia
O desenvolvimento da ideia do demônio no imaginário cristão
O demoníaco no pensamento de Lutero
O espírito e a cosmovisão da pós-modernidade
Perspectivas teológicas e pastorais para o novo milênio

Os papéis utilizados neste livro, certificados por instituições ambientais competentes, são recicláveis, provenientes de fontes renováveis e, portanto, um meio **respons**ável e natural de informação e conhecimento.

FSC
www.fsc.org
MISTO
Papel produzido
a partir de
fontes responsáveis
FSC® C103535

Impressão: Reproset
Dezembro/2021